中华武术典籍珍藏

民国武术文献选刊

第二辑　第一卷

崔虎刚　收集整理

北京体育大学出版社

责任编辑：陆继苹
责任校对：井亚琼
版式设计：高文函

图书在版编目（CIP）数据

民国武术文献选刊．第二辑．第一卷 / 崔虎刚收集整理．-- 北京 ：北京体育大学出版社，2024.2
（中华武术典籍珍藏）
ISBN 978-7-5644-4028-2

Ⅰ．①民… Ⅱ．①崔… Ⅲ．①武术－文献－汇编－中国－民国 Ⅳ．①G852

中国国家版本馆CIP数据核字(2023)第256647号

民国武术文献选刊．第二辑．第一卷 崔虎刚 收集整理
MINGUO WUSHU WENXIAN XUANKAN. DI-ER JI. DI-YI JUAN

出版发行：北京体育大学出版社
地　　址：北京市海淀区农大南路 1 号院 2 号楼 2 层办公 B-212
邮　　编：100084
网　　址：http://cbs.bsu.edu.cn
发 行 部：010-62989320
邮 购 部：北京体育大学出版社读者服务部 010-62989432
印　　刷：北京雅图新世纪印刷科技有限公司
开　　本：710 mm × 1000 mm　1/16
成品尺寸：170 mm × 240 mm
印　　张：11.25
字　　数：117 千字
版　　次：2024 年 2 月第 1 版
印　　次：2024 年 2 月第 1 次印刷
定　　价：72.00 元

（本书如有印装质量问题，请与出版社联系调换）

筹委会

（排名不计先后）

【河北】

王雪松　董智勇　侯晓山　张春光　智泳　李向东　王弘武　苏建中　魏朝辉
王英臣　赵军　段雷朋　王欢迎　孟祥国　刘明华　王文革　董法胜　卢宝库
马新华　孟令斗　李学兵　龙威　狄松涛　牛树天　孟令聪　张永泽　孟令兴
孟令江　张思雨　高立新　陆明文　赵世君　张守安　王向东　赵永亮　曹彦场
刘念　许栋　卢保卫　庄国伟　孙健　巩国平　孙振　姜海伟　徐书长
王宾　王永涛　赵志勇　张剑军　孟祥龙　柴海生　田卫民　王铁英　张继斌
秦晓悦　刘红强　王长军　田振伟　田伟　闫庆洪　郎立成　张坤伟　李波
周弘　郗建勋　刘光芒　王福庆　张星一　董贵轩　高国辉　孟春华　陈志刚
张增海　李常琳　章建春　张斌　李冰　王小龙　鲍玉龙　常军　李会锋
盖国海　张铁柱　钟俊峰　张根云　任增良　宋分成　李保辉　卜元法　刘雷
封佳良　李立兵　郝桂英　杨志英　赵连江　张聪　夏令虎　李正国　丁强
李文龙　王学武　陈宇明　李金龙　张义　牛志勋

【山西】

李旭东　刘笃义　苗树林　李乃勤　张振杰　陈贵更　姚建东　张欣　邢晓朝
王连恒　王兵　马德祥　薛文江　温锦铭　杨军　郝利华　李俊杰　王守禄
董冬元　张奇林　任晓平　沈炜东　赵京生　刘叔勤　梁光平　郭玉文　李白
王理生道长　吴志刚　阎子龙　王宏伟　王建　李德仁　郭润泽　高玉兔
许青行　孙君荣　陈娟　赵国华　王银辉　胡晓琴　田志丹　韦树杰　温玉恩
胡元亮　马海平　张玉全　阴建文　王日兵　郭扬　释妙修　高全民　何军
冉高峰　李正业　王勇义　晨曦　田正西　马学恩　郭晋博　王建筑　高宝东

王太晨　侯庆林　朱喜何　宋宝贵　宋俊芳　吴会进　王俊香　张榩军　王德俊
胡佳锋　王雨东　李青峰　史德全　吕　卓　梁文章　李宇鹏　于庆海　吕永昌
吕传泳　李景福　乔一铭　王攀峰　石大永　姬俊峰　贾国喜　吴利生　吴利民
杨志忠　胡安辉　曹中义　胡丽娟　武　冬　王　勇　陆向春　高　静　姬　才
殷文军　王苗祥　王仲文　江俊峰　张丕锋　白玉仁　刘铁铸　秦同文

【内蒙古】

刘井春　褚海东　孙根新　宋仿琛　范健宇　武静安　刘永文　郭迎宾　王浩亮
卢爱琴　乾　坤　白景春　张国华　吕瑞亭　刘世君　周彦明

【北京】

胥荣东　康戈武　徐　杰　于昕洋　肖红艳　酒大雷　姜启超　聂志涛　刘　翊
吕鸣捷　赵安平　尚远宇　王　凯　孙汝贤　牛立新　孙国中　党雪田　高晓光
贾永安　邸国勇　乔　宁　辛　强　刘　铄　程庆余　王　桐　赵天阳　左宇彤
韩俊瑛　孙嘉浜　孙文景　白石羽　德　全　欧　阳　万周迎　徐　鹏　刘路遥
李　谷　左　健　付洪波　成金俊　黄志刚　李　戈　彭　龙　陈　轶　高雪峰
王宝山　王中行　王沥斌　贞　达　孙庆丰　薛　岩　李　迎　张　斌　洛　尘
张　磊　金　微　秦保华　杨文学　王庆年　徐　许　刘福龙　孙国柱　刘满常
于　浩　张国儒　刘万成　于　江

【天津】

崔　巍　于经元　胡向阳　刘宝林　张天龙　张金旺　丁伯立　顾海波　赵文龙
王　诜　王福勇　崔媛媛　马延凯　张聚贵　孙国善

【辽宁】

刘洪刚　任　彬　于万凯　孟　涛　黄中元　高　朋　万　勇　梁　丰　孔德林
潘大庆　王秀如　臧福源　李保刚　薛圣东　孙贵东　袁　波　张　悦　韩宝轩
蒋秀山　侯　明　乔　武　刘英伟　张国志　刘计星　李金友　高　宇　马　畅
郑维钧

【吉林】

张　河　邓宇光　李　银　丁　皓　骆立文　王君波　孟　宇　徐厚祥　佟　冰
倪　郝　赵　耀　郭其武　袁洪范　刘　君

【黑龙江】

佟亮辰　张艳阳　陈玺镔　张指辉　王　皓　宋　梁　郭宝成　陈　斌　刘立国
毕文波　杜伟国　黄忠伟　李　冰　吴　俣　曹志峰　马宏伟

【河南】

张雄鹰　种明生　郭航海　王志远　贾自愿　安呈林　朱利军　释延布　杜长坤
刘启飞　石　勇　王农川　郑营俊　常青州　张　艺　马众森　王占敏　巩建松
倪根上　陈近仁　李朝乾　李紫剑　邢红义　李佩革　刁修华　梁靖予　宋尚军
释延巽　李红林　赖庆新　陈万军　郝跟上　张　帆　恒　勇　王子淳　张亚东
孙明亮　魏淑云　赵振选　王会武　耿　军　买西山　买　威　时晓武　买　勇
买仁萍　仵　锋　马德占　王长明　张伟兵　代忠波　张　玮　段建民　孙保才
李小欣　酒同标　酒小郎　苗轩国　孙和龙　孙随成　焦立武　王建设　刘培兴
苗鸿宝　苗步超　张运生　苗田营　苗富强　杨德民　胥兆飞

【湖北】

徐　斌　张建生　李应龙　刘　杰　石　峰　田　浩　夏四鸿　梁靖予　陈玄机
瞿凤华　秦声浩　严　飞　姜学斌　郑桂桐　胡炳林　李德民　薛兴江　胡圣奎
王卫红　焦通章　徐赐兵　黄亚平　戴珂铭　张　显　刘秋龙　马国平　薛劲松
李志武　丁大益　黄胜文　唐俊虎

【湖南】

苏若鸣　陈开喜　王常秀　张常海　邹　骁　刘建湘　黎昌元　向军华　张继桂
蒋谷川　滕召军

【广西】

黄耀丹　夏　敏　唐晓艺　严翰秀　赖铭强　梁杰乔　张容嘉　廖贤阳

【广东】

于鸿坤　蒋荣杰　任官生　蒋子龙　张俊林　蒋化一　李湘山　刘　泉　沈建杰
余锐镔　张勇强　方　金　陈　执　毕荣俊　刘志坚　靳清江　马廉祯　吴广添
邵剑波　梁伟民　颜志图　吴启贤　陈　伟　王　贵　张梦阳　陈福和　廖锦泉
方应中　陆常康　杨亚国　房向南　陈健志　覃海权　徐　宏　梁柏清　赵刚生
江善祯　房　生　黄　熠　李伟光　贾华兵　王会哲　林国生　吴晓辉　吴立群
冼伟昭　梁文楷　黄仕君　曾奕涵　钟立强　陈会崇　杨柳标　王邦菊　张广辉
刘志添　刘春涛　杨春茂　詹亮清　莫华法　罗浩苑

【深圳】

郑喜平　周　华　李翰青　曹革林　苏洪海　梁　丰　贾永唐　徐百军　连　成
蒋定臻　王继勋

【海南】

梁昌泰　张　雷　李　秀　陈东升

【山东】

高鹏熙　李满利　张松仁　谭京杰　王　刚　马　斌　刘　毅　孙胜辉　周云峰
王玉金　尤明达　厉善祥　刁长俊　周庆春　孙丰玺　许　峰　王芝强　王　斌
刘维明　战文腾　宫智辉　倪德飞　孙思蒙　张　斌　郝代远　史　鼎　康汝宙
郭　宁　张长生　赵延俊　张胜利　张克田　周　游　刘　伟　安宝东　刘军农
董玉明　王景钏　贾友民　张树远　李保庆　王继国　王焱鹏　潘　章　高　承
李万温　张卫东　王宏全　王　伟　梁国爱　李海涛　李飞林　刘连洋　王国川
郑中华　张彦营　姚　磊　刘东强　白正刚　吕延波　洪卫国　张延斌　谷志强
孙晞棠　赵国忠　邓　桦　曹广超　周　琦　陈　雷　泰　祯　李安国　郭英新
徐西林　董志忠　张乐华　孙瑞全　张元海　刘龙昌　谭凯文　冯长源　杨　雷
张　涛　李其胜　梁殿品　张祥泽　朱宗启　薛士玉　杜孝伟　朱永强　樊　霄
杨圆义　刘道毅　李若现　王立岩　要学良　刘圭生　郭玉刚　张　鹰　李金顺
彭维利

【江苏】

杨　忠　窦小彦　许　忠　江其林　兰顺林　王存果　刘季月　周晓明　卜照生
张　亮　马　伟　时丕昌　师厚春　徐　帆　林圆龙　梁　雪　王新跃　谢逸繁
李　胜　解建昌　张爱成　沈枫涛　翟爱武　王吉波　张爱春　王海港　胥子连
毕明府　程　明　刘　通　陈军民　虞洪涛　张　滇　陈灏梁　景怀义　韩运疆
宫翠峰

【浙江】

仇富军　吕　亮　倪顺坚　孙　吉　杨秦健　张　斌　金　翰　王良辰　李继红
蔡德强　戴有木　张青松　马俊成　刘　柱　俞永辉　刘立存　李诚勤　张　俊
高宜挺　许科军　俞佐清　顾　坚　王圣华　刘小峰　杨　华　陈碧如　邓显群
顿鹏辉　江　澜　王一静　姚步高　江敏华　王纪杰　蒋　文　陈宇阳　钱周锋
周　明　蒋仲清　陈幼根　周　锋　陈沛宝　赵　青　凌风子　景　然　周美良
潘小江　卢成昌　潘石弟　凌懿文

【福建】

王福民　蔡卫权　倪忠森　王振河　张祖永　蒋秀山　许剑云　陈向荣　孟庆贺
连国汉　林　峰　俞景耀　陈恒演　涂智兴　罗建晖　林和顺　胡文辉　梁　涛
林建栋　吕信明　周　攀　杨　晗　刘有春

【安徽】

胡春泉　曹　军　钱军帅　祝安园　聂红松　江　奎　魏　冰　毛立欢　冯　皓
欧阳兴业　马　林　铁中玉　刘俊杰　王靖华　武爱东　陈晓东　徐永银
吴　笛　陈　军　赵　飙　张宏华　王　磊　吴　昊　胡卫东　吴　伟　谭全胜
刘法志　汪　泉　乔长良　朱红军　杨纯生　卫　存　卢　杰　秦　琥　王学东
聂　刚　曹其根　曹季泉　曹加才　纪良发　曹　凯　董德霖　张　博

【江西】

熊庆云　钟水清　李舒霖　郭木青　王联军　唐毓堃　张功燚　李江明　屈　群
刘　超　应宗强　李洋洋　陈　军　乐　繁　代建国　钟祥明　虞法志　章新尧
林爱兵　林国生　刘炳开　童加清　李曦初　李海斌　王禹平　崔瑞郡　李广华

【上海】

林　杰　谭振勇　朱长跃　樊永平　杨雨辰　金培贤　金俊达　尹　捷　薛怡平
鞠学东　阚水源　凌先生　孙连盛　杨志承　孙经纬　王宝财　谢琦辉　刘　志
何轻舟　吴爱民　宋　旭　游　清　释永照　董家良　董纲成　陆龙祥　陈海光
梅永福

【陕西】

李　钢　张　钢　郭华东　邵　华　杨俊伟　罗　德　董安强　贺元瑞　杜群喜
杨伟峰　王晨生　杨　坚　白永东　孙　武　陈少纯　郭桂荣

【甘肃】

郝心莲　辛富国　金　宏　李宝才　温世杰　马　伟　汪子竣

【宁夏】

杨文舜　梁杰乔　吴　涛

【青海】

马宏伟　朱春明

【新疆】

赖宝珊　任　军　黄尘哲　张新民

【云南】

黎丽辉　曾　瀚　李太宏　鄢　博　赵顺军　张晨光　叶昆生

【贵州】

杨绍平　谢明宇　刘　曦　孙鲁龙　黄　檠　刘庆涛　曾昭弟

【四川】

侯　毅　古海啸　梁军民　金　亚　李　阳　周新杰　罗　斌　王伟骅　陈兴均
曹　卉　兰　唯　唐博文　郭　建　邱湘彭　罗小波　唐　昶　黄趾洲　温昌奇

【重庆】

罗　明　徐泉森　罗先雄　曹晓东　陈治军　张文欣　张宗华　周光华　黄文才　吴洪明　刘天海　袁一晋

【香港】

李健雄　Mehdi　谢永铭

【台湾】

杨正隆

【其他国家】

黄少武　王振身　陈　闯　龙勿用　胡耀武　柳寿晨　容光远　张立彪　甲斐正也　村上正洋　片桐阳　马永光

特别鸣谢

李金明　王彩鲜　李延春　庞明泉　李　翔　智晓园　于　芳　张　梅　周兰英

安　毅　王新瑞　李克宣　崔并花　杜崇开　刘　洽　张　昭　李继光　薛思问

杨春兰　李　懿　邹德发　吴世勋　高友孝　刘瑞荫　黄兴发　王云山及其姐

袁树礼　郭荣珍　耿爱梅　刘丽俊　郝富义　李补鱼　郝锦园　杨桂芳　杨洪喜

刘怀玉　钟雪友　蔡震升　伦怡馨　高　瑛　李龙城　张魁武　柳百成　张德生

李建勇　贺国安　王慧琴　冯银刚　韩太民　韩原民　曹东红　王　浩　韩常林

韩焕茹　尤素娥　赵海凤　胡玉洁　张桂兰　田喜凤　郭宝芳　魏宏斌　袁建斌

郭　宏　马润生　冯骑明　阎文辉　焦清华　王秀丽　郭　刚　韩秀英　卢冬光

张雪刚　尹贵龙　范阿宝　朱建华　巩爱平　胡建彪　何建东　郝宪伟　郝建邦

郭仁实　高澍芃　江敬斌　薄建东　郑　炜　周　宏　吕　毅　徐用生　田春林

李　明　师维勇　韩小华　尹小玲　赵学毅　刘巧莲　任建玲　赵媛凤　义瑞珍

张玉香　张秀玲　魏巧燕　王小源　海晓霞　刘庆林　赵丽华　徐　静　姚书典

殷　岩　王小根　王海英　宁晚林　胡玉亭　乔　栋　田振山　林　纲　赵大春

朱　峻　王民忠　李　刚　顾武安　李　峰　章　青　叶林忠　贾云杰　许树华

杜　箐　刀京梅　孙慧敏　姜淑霞　王占伟　王艳玲　常学刚　梁伟民　王跃平

冉宏伟　王　蓉　苑博洋　胡志华　李博伦　宋杨萍　韩　翔　田海英

恩师朱华先生、师母冀秀珍女士

父亲崔官禄、母亲王玉莲及兄弟姐妹各家人

目录

拳法真传合编——上部

提要

《新著拳法真传合编》，四册，手书稿本，字体行楷相间，总体工整。原书共六册，以上部、东部、西部、南部、北部、下部区分，每册分述不同拳法，目前仅存上部、东部、西部、下部。总览现存的四册可知，作者应为徐玉温，写于民国二十三年（1934 年），但从字迹上看，四册又似乎不是同一人所写，具体情况待考。四册均有污损，整体上不影响阅读，个别处字迹缺失或难以辨识。

《新著拳法真传合编》（以下简称《合编》）上部扉页题名为《梁达摩掸腿释义正宗》，而目录中则名为《新著掸腿释义正宗》，后文的序也为《新著掸腿释义正宗序》。全书无图，纯以文字阐述。另外，本册载有《新著拳法真传合编总目》，有助于了解《合编》全书的内容结构。

《合编》东部扉页题名为《梁达摩二十四式并二十四式行拳》，而文中则名为《拳术二十四式》和《二十四式行拳》。全书无图，纯以文字阐述拳术二十四式和二十四式行拳两部分内容，并且这两部分内容又均有各自的目录和内容。

《合编》下部扉页题名为《清顾焕章子母同备拳》，后文则为“子母同备拳”。子母同备拳内容之后，续有《重著捷拳新编》。对此，上部中有所说明。全书无图，纯以文字阐述。

《合编》四册均存在内容逻辑相对清晰，但细节处理较为简单的问题，一定程度上影响了阅读体验。

民國甲戌年

子猷氏手定

新著

拳藝真傳合編

上部

梁達摩揮腿釋義正宗

新著拳法真傳合編全集

少年尚武記事

余自童年讀書有志好武然而至老究未嘗一卒好也且少年好武求師於家族長者徐公名瑞成從學徐公之藝彌宗之門彌宗者原係武聖孫武子遺留實屬明門正脈也習藝數年之久亦猶龍聾者之無聞盲者之無見何者蓋余性最拙學時不能處解待解移時輒忘況從師甚晚離師又早學之不易得之更難所學之技譬若滄海之水得取一勺之多耳迨至年

弱冠設帳故鄉訓誨子弟以文棄武此余所以究未嘗一卒好也則有鳳臺孫君者余之同鄉莫逆友也身懷絕技素為槍棒師藝屬外家串腿之門串腿者即達摩遺法捶腿門也鼓我復拾舊技繼與孫君情重鄉誼師而且友於是不惜辛勞晝則教文夜則習武承蒙教益拳劍之術得悉大略手舞足蹈擊演精熟考其術中精萃奧理搜本窮源未明詳細或逢人議談講解則結舌張口未免括囊迥然自思其技深遠貫穿甚難於此厭倦頹生以致中道而廢是究未

嘗一卒好也旹至宣統初年余年有三十正當日壯德宗皇帝御葬得張君以隨同而赴西陵幫辦白差事益州衙署有書記賓子美者邀往丹山游玩逢一道士有出世之姿乃益州南郊係賓某之同鄉也相傳隱避有年矣引入石室暢談講演拳劍之術出神入妙手舞口授盡力指導幸遇真傳心如冰釋又取拳劍妙訣書一卷相授囑我曰夫以武技相授於人所傳者有三敬師重道品節端方英才烈士苟非其人慎勿輕傳也倘得其人施傳吾術衣鉢導引一脉真傳皆得仙師之力也武技之功方覺有進是年遂

自著吴越寶劍、譜合編一書及至民國有六年歲逢丁巳余四十有二歲年已過見悪矣應友人之聘受贄津門舌耕自給至五月端陽天津公園内博物院以開展覽會武術館招考全省擊技武術人員以為提倡國風起見應試者雲集尚足千人余心煩技癢是以報名註冊演武廳中入場考試觀覷應試之人奇門奇技無所不有得以大開一番眼界也余劍術之名小展於津沽焉且又客塾津門南關下頭成美中學校蒙星垣金公推薦於余本校兼任武術義務之教員從學者衆惟徐作鈺金錫恩者足悅於心歟又曾演武於東馬路青年會中外兩國武技之家合演於勝場之地此民國九年之遇事也是歲冬月得返桑梓株待先塋轉軸不覺已至民國十有九年又得返津仍蹈舊緣遇一生李文厚者導化人也其人有異才滑稽能言貌無雙妓嘗塗脂粉與優人共戲文學編作之事於余多所助焉其諸乃继返莅津教讀之遇也嘗思昔年負劍遠游從師訪友四十年之功用半生之閱歷學武學文毫無一得今逢民國二十有三年歲次甲戌余年五十有八歲將近花甲矣是年館於同縣南阜村鄧姓之家每逢課有餘暇必以

潤筆塗編以藉消遣若串腿门達摩之揮腿拳術類拳術二十四式併二十四式之行拳若花拳门趙太祖拳術類六家式併六家式之行拳以及關西拳若彌宗门拳術類燕蕭乙武式小花拳若屬串腿门拳術類顧煥章子母同倫拳並皆創編新制爲竊思拳名曰某拳謂聖賢立技每一拳則有一拳宗旨是不可不覃心研究以提明者也推之一手一式奥義自具並須研明推詳玩味不惜晝夜辛勤會意象形特加手法名稱譌解詳明而黑白以顯於補入全註其重複者酌芟之其缺略

者量添之其叙講字句舛訛者亦折衷竄改之余將四家拳術數技創著全編手定輯集成册名曰拳法真傳合編一書並加撿核以便初學瞻覽觀無不備之意云爾但足愧者手拙才淺識字甚少每一執筆如醉翁乘馬編成粗句塗鴉滿紙令識者一見絶倒

旹逢

民國二十有三年歲次甲戌夏四月上澣之日編制於南

阜村北野草堂養心齋南軒之下

古莫徐玉温子穌氏 手撰併

書

新著拳法真傳合編總目

上部

達摩滅槃故事

發明揮腿門之根源

論揮腿共諭揚數手式若干

論揮腿踢七寸之說

論揮腿十二揚之名目

論揮腿每揚名目之總義

揮腿十二揚練法名目

新著拳法真傳合編總目

東部

串腿門 即揮腿門

拳術類

新著拳術二十四式

目錄

拳術二十四式序

二十四式手法名色註解

二十四式一技共有七十二手

東部

串腿門

新著二十四式行拳

拳術類

目錄

二十四式行拳序

二十四式行拳共諳八大明着
二十四式行拳每攜手法名色數目若干
二十四式行拳手法名色註解
二十四式行拳舞法名目

新著拳法真傳合編總目

西部

花拳門

拳術類

較明新著六家式

目錄

六家式每携手法名色

六家式每携手法名色数目若干

六家式每携舞法名目

西部

花拳门

拳术类

新著六家式行拳

目錄

新著拳法真傳合編總目

南部

花拳門

拳術類

重著宋趙太祖閫西神拳

目錄

論宋閫西拳總義

宋趙太祖閫西神拳之根源

闆西拳練法

闆西拳總譜二十三字法

闆西拳每撝手法名色數目

闆西拳手法總數

闆西拳共譜四十八大着

闆西拳名色註解

闆西拳練法名目

新著拳法真傳合編總目

北部

彌宗門 又名燕青門

拳術類

新編燕蕭乙武式小花拳

目錄

發明武式小花拳之根源

假設小花拳對答之辭

每揚小花拳練法名目

尚武自述

論武術之益

兩家當場比試高下議

遊歷記事

新著拳法真傳合編總目

下部

屬串腿門

拳術類

新著子母同倍拳

目錄

論子毋同倫拳之適用

論子毋同倫拳六搊手法名色

子毋同倫拳手法數目若干

子毋同倫拳分有着數若干

子毋同倫拳分有六打

子毋同倫拳練法名目

盖聞著書傳世立藝教人莫大之功皆聖賢之事我猶免為鄉人欲效之而未能也且夫一人之立技曰獨傳衆藝棠集曰合編余將四家立技手輯全編集成一書名曰拳法真傳合編是以命名之義也嘗思人在浮生蜉蝣一世然而在世百年那有三萬六千日之樂妙手回春難尋長生不老丹之藥蓋死生亦大矣余飲酒讀書四十年尚武之精神未嘗有懈夫余之素志若志當時留名後世令後見之曰某某先生編記之遺書使我名字不泯筆跡猶存雖死如生矣倘如是向平之願已了於是

再叙

子龢氏復識併書

捷門

拳術類

捷拳

外有一冊名曰捷拳係東先縣王書本編遺其人雖稱武術大家未免鄉里一常人耳豈可與古代四名家同載並列哉余愛其拳術風流氣勢舒展粗加編著另集一本特記之列於後

愛劍道人手誌

原本此页无内容

新著揮腿釋義正宗卷一

古莫徐玉温子龢氏手編

徐作鈺 字式卿 湖北商陸

受業

李文厚 字守然 直隸遵化

同

金錫恩 字壽榮 北平

陳鍾岳 字秀峯 銅仁縣

目錄

新著揮腿釋義正宗序

論武術溯源授受之流傳

達摩滅槃故事

發明揮腿門武術之根源

論揮腿共論揚數手式若干

論揮腿踢七寸之說

論揮腿十二揚之名目

論揮腿每揚名目之總義

揮腿十二揚練法名目

新著揮腿釋義正宗序

余幼習武事以揮腿為先覺其手法簡單形勢冷落心手不愛重其技練及數年亦不見精奇效果為此懈怠生焉會集良朋於武友言念友人驚起正色而言曰夫揮腿一技乃為武術之精華擊技之根本也勿輕視矣聽於我友退而又加功數年如食之而知味方辨魚魯矣且余以舌耕自給教讀四十年間坐小窗最喜讀綱目畧稽梁武帝之昔有達摩者天竺神人也惟精純一之學明心見性之家法傳武術揮腿一門深如淵海玄妙不可勝言矣余推究技中之至理編著揮腿釋義

正宗一冊每楊之中註明小講全冊一本總義但愧者少学多餐未能
盡其善倘有悞謬願後學者再加較正改錯無訛所至盼焉

旹逢

民國二十有三年歲次甲戌六月徂暑中澣養心齋主人自
著原本併錄於南阜村東蔭小書館南軒下

愛劍道人手撰

論武術淵源授受之流傳

自古以迄於今武術一技流傳久矣昔黃帝習用干戈以征不享炎帝之裔蚩尤好兵喜亂作刀戟大弩以暴天下軒轅與蚩尤戰於涿鹿之野蚩尤能作大霧使軍士昏迷軒轅黃帝為指南車以示四方製兵器以禦戰征興武技以備交鋒遂擒蚩尤而戮之禦敵戰陣之方由黃帝而始也且黃帝創興武技之事上衛國家下安黎庶又能護己身亦是體育一種之要道也然而武技之道遺傳於今毫髮不紊相傳相授彰 可考不待而詳

言之矣迨至梁朝武帝之旹天竺國有達摩者異人也曰武帝好佛三抱身於同泰又迎達摩而入金陵賜座機不相契潛面北行至江無揖乃折一葦足躡而渡神光追至達摩點悟神光傳以辟穀之法而得道焉又授以武技神術分筋剉骨點穴之法達摩遂至西天遇二十七祖同坐止於嵩山少林寺面壁而坐者九年終日默然謂之壁觀越九年之後法授五祖信能惠可等五傳內外之道內者養氣絶粒汞鉛之功外者手舞足蹈擊技之部外傳即武術也武術者由黃帝戰蚩尤之後推達摩以為

武術宗道之祖藝傳有內外兩家之攸分由五祖之後法術亂傳布滿於天下分門別派不可勝數矣然武術一席門派技藝雖殊原始歸於一家獨推少林寺為武術立教相傳之基礎於今百藝中分門別派皆由於少林寺法傳諸夏此論武術淵源授受流傳之始末也

達摩滅槃故事

達摩法授五祖之後滅槃於千聖寺葬於熊耳山魏使宋雲奉使西域回遇達摩於葱嶺手攜隻履雲問師何往曰西天去耳

發明撣腿门武術之根派

達摩老祖留傳之武術名謂撣腿門係外家藝而兼内家藝也何謂外家而兼内〻者即點穴分〻筋剉骨之術氣力運藏一身守而不走外者乃擊舞支撐格拒之功精神流通全體走而不守謂之外〻兼内者五内之氣由内而發於外手舞足蹈交臂作勢謂之外家藝而兼内家之藝也

餘意皆註於武式小花拳内外之説

論撣腿共譜趟數手式〻若干

蓋撣腿之數共有十二趟每一趟論一手按其義乃正譜十趟為

合格十二搗之数緣何獨論十搗之說一者數之始十者数之終也一三五七九屬陽二四六八十屬陰易經繫辭河圖云天一地二天三地四天五地六天七地八天九地十天數五地数五乃是陰陽合為一氣每搗獨論一手者純一不雜陰陽而不相混陰陽合為一氣而矣

論揮腿踢七寸之說

夫揮腿者乃為武術之根基拳法中之中樞也踢如拔山打如栽木貼如釘釘地踢腿者宜用力堅實如木之有本水之有源若空虛而無力如車之無輪鳥之無翼其何行走飛騰哉故習揮腿者功必倍焉蓋揮

踢出度數之高低宜以七寸之高為標準不宜太高 則踈虞弄險護備預防故術不可不慎也若取其美觀悅目稍 踢之微高僅 莫過平身而矣

論揮腿十二橋之名目

頭橋重絡　第二橋十字拳　第三橋抱合　第四橋撐抹

第五橋插拳　第六橋挾錘　第七橋劏挑　第八橋濩看

第九橋併鎖　第十橋前揮　第十一橋刁捋撕掌　第十二橋援手外撞

論揮腿每搊名目之總義

頭搊重絡

重者叠也絡者續也重續而不斷之意使全體之力運用周身血脈流通筋骨聯屬氣力貫注足尖用力踢之　達摩作武術按內法周天三百六十五度氣力運轉手足頭項婆娑並舞此乃命名之義也故謂之重絡

第二搊十字拳

昔伏羲畫八卦先畫一點屬陽後畫一點屬陰是此一字者乃一陰一陽而效太極初判取其陰陽之義也此十字者畫一橫以按東西畫一竪以按南北是此十字者乃東西南北之義每貫其中矣天以日月為陰陽人

以血氣為陰陽血氣運轉周身縱橫往來往分明陰陽故謂十字拳　達摩作此武術以按天道配合人道是以命名之義也

第三搗抱合

抱合者上下其手一陰一陽配合相抱之勢

第四搗撐抹

撐抹者伏身觸起周身氣力注貫其足撐拍之名曰拍腿　左右二足其意皆然故謂之撐抹拍腿

第五搗插拳

插拳者聚氣凝神使盡全身之力貫注拳頭擊之故謂之插拳

第六搗挨錘

第一手挨錘撩上收式走左右兩拳前後一放右手撤回一看踢出右足尖腿右手拳打出直伸落右步騎馬式兩拳前後直伸換式右手拳往下一挨轉在後左手拳往前一劈轉在前兩拳前後直伸左手拳往回一看踢出左足尖腿左手拳打出伸 上一落左步騎馬式換式左右手 則同

第七搗劈挑撞

一這上式漫漫着走

上一劈

足鐺打

左拳伸　若則同

第八柄　看

第一手從上收式接着走左手拳往下一擺亦看　步騎馬式兩手

拳亦往下一擺看看先走左手後走右手此之謂雙看提起左步來往

外踢兩手雙看看踢〻了落左步供步右手拳直着打出左手拳上

边膀看擯式右手拳往下一擺轉上看看左手往下一擺亦轉上看看

不動騎馬式提起右步來往外踢亦是兩手雙看看踢〻了落右步供

步又左右兩手往下一擺轉上看看提左步再踢左右手〻則同

故捭腿原講十搊故耳乃充其數盈之意此末二搊者實屬後人增

添補助陪襯其前十搊之意以有不盡焉雖有講解勿庸註釋

也今鄙人推古聖創興武技之心法揣摩其義理較正而言之歟

捭腿十二搊練法名目

第一搊重絡

第手重絡〃搊走三步並步抱拳出式再左步供右步右手平絡過來叠在

腰間是拳左手〃〃絡過來直攻〃〃面向後然後左手穿出右手是

拳直伸徹右步投步盤架回轉前上左步供下左手拳叠着往外打

直右手拳在後直伸再換式左手往下一壓 轉在後右手往前從下往上一劃
右步撒地往前一即 不兩拳橫伸 前右手拳一看右足往外踢實
腿右手換拳着踢然後右手拳隨 右步供下直看打出是拳再
換式左右並具不拘手數多寡惟度之 勢長短方可

第二趟十字拳

第一手十字拳轉身轉面回來披過左手來拳疊着右手拳盖過
來直放供左步踢右足打左拳足與拳一齊並出然後落右供步
打左拳直打徹回左拳打右拳徹回右拳踢左足打右拳一步三拳左
右一手到頭轉身轉面往上穿出右手是拳往上直伸左手護肩
掌面向前點左步

第三搨抱合

第一手抱合從三搨收式接下来放左步供下左手拳從下边轉入後右手拳從上往下一放前後拳伸直然後換式左手拳在上合着右手拳在下仰着一仰一合謂之抱合在面前抱着右足往外踢失腿脚面𦧲起来踢　出落供步左手拳斜穿右手拳打出直伸打右供步身子往後轉左步供着左手拳向後打出左右兩拳　換式右手往前一披左手往前一盖輪開之左手在前右手手在下右[illegible]上归抱合左足往拳打出直伸其[illegible]同左[illegible]

第四搗撐抹

第一手撐末 上打 收式走鋪下去 左手掌順步走出直伸左步

轉供步右手 從边勾子手直伸 長打 身來右足踹拍腿卸右步

供左步左步往下卸左手對護眉掌扣步供着 手勾手在後

直伸左手一摟右步往後一出離供着步右手 手強出兩手前後

伸直再轉身踹左足拍腿左右拍腿手 換式則同

第五搗插拳

第一手插拳摟上收式走左手拳往外一挑在前伸照看左步供下右

手打插拳然後右手一看在面前踢出右足失腿右手打出轉前左右

伸照着左手拳打插拳左手一看左足踢出失腿落左步供下同

第六搦挨錘　挨者舒散也五內之氣力精神由四肢煥發於外筋骨血脈運用而隨之全體之手神從容而擊之故謂挨錘

第七搦劃挑撞　劃挑者如海上鷲鷗忽起忽伏頡頏低昂氣力均停正身正氣一體嚴整撞踢之故謂之劃挑撞

第八搦⿱淮叏丟　⿱淮叏看者兩手如楹十　無一蔽預防龍蟠虎踞之勢

⿱淮叏看

低制之壯氣勢兮揚如鳥舒翼

云訣之価錢

第十撥箭捍

箭捍者跳躍來如桂飛鳥言全體用力似飛揚之勢故謂之箭捍

第十一撥刁捋擷掌

一者數之始十者數之終一者效天地未分元氣混而為一從太極圖中而始判取其陰陽之義也十

第十二撥掩手外攩

者效伏羲畫八卦橫直取其東西南北之義也　達摩作武術法天地陰陽東西南北變化之道人之血氣運轉天之陰陽流行其義一也

第九揚伍鎖

第一手伍鎖

第十揚箭揮

第一手箭揮

第十二搗掩手外撞

第十二搗掩手外橦

灵肉修养奇书

提要

《灵肉修养奇书》，一册，印本。正文之后有版权页，据此可知该书为民国十年（1921 年）一月再版的版本，原著者为达摩仙师，演译者为密谛大师，由修元学舍印刷，出版信息清晰明确。

该书原名《易筋经洗髓经》，分上、中、下三篇，分别是“上篇易筋经义”“中篇服气图说”和“下篇洗髓经义”。上篇纯以文字论述，阐释了通过修炼丹田真气、打通全身经络的功法，旨在坚韧练习者的筋骨。中篇采取图文并茂的方式，展示了服气行功的基本动作和要领。下篇又以文字阐释了养练气血、气脉、脏腑的功法。三篇各有侧重、相互补充，意在为练习者由内而外调节身体功能、增强体质提供全面而有效的方案。

该书内容较为晦涩，阅读门槛较高，但其蕴含着古老的养生智慧和深厚的哲学思想，是中华武术典籍中的瑰宝，有助于学者在传统文化领域更深入地探究武术的文化价值，为武术研究提供了新的视角。

靈肉修養奇書

靈肉修養奇書目次

原名易筋經洗髓經

第二十二　九月至十二月當行之功

第二十三　凝神術

第二十四　睪丸與玉莖之功

第二十五　動靜四肢論

第二十六　靜功十功

（一功）韋馱棒杵　（二功）獨立金剛　（三功）降龍　（四功）伏虎　（五功）天地奪魄　（六功）虎坐　（七）龍呑　（八功）御風渡江　（九功）回回指路　（十功）觀空

第二十七　打洗神通

第二十八　動功十八勢

（一）鶴舞　（二）龍舞　（三）推托　（四）鳳凰舞　（五）虎晛　（六）轉身

（七）轉環　（八）進退　（九）左右開弓　（十）童子拜觀音　（十一）美女

跕淯 打穀袋 撈月 (七)騎馬式 武功頭 巡手七式 偏提 正提
伏膝 跕淯 打穀袋 撈月

第三 行功六十四式要領

(一)第一至第五平和架騎馬式 (六)平和架(望月式) 七平和架(舒氣式之一) (八)平和架舒氣式之二 (九)第九至十三武功式 (十四)武功頭第三式之一 (十五)武功頭第三式之二 (十六)巡手式(一六至二三總名巡手七式) (十七)玉帶式 (十八)垂腰式 (十九)提袍式 (二十)幞面式 (廿一)搔面式其一 (廿二)搔面式其二 (廿三)朝笏式 (廿四)偏提式其一 (廿五)偏提式其二 (廿六)偏提式其三 (廿七)正提式其一 (廿八)正提式其二 (廿九)正提式其三 (三十)三十至三十九薛公站式 (四十)四十至四十二列肘式 (四十三)伏膝式(窩裏砲之一) (四十五)站淯式(窩裏砲之二) (四十六)站淯式

靈肉修養奇書

宇宙之深奥。非吾人智識所能窮。其過去之悠久與未來之遼遠。亦非吾人智識所能盡。吾人之智識。僅在吾人感覺以內。略知梗概而已。

黴菌至微之物也。顯微鏡可以見之。然有更細於黴菌之物。則顯微鏡不能見矣。日月星辰。至遠之物也。望遠鏡可以照之。然有更遠於日月星辰之物。則望遠鏡不能照矣。過去之宇宙。吾人雖由口碑傳說或歷史記載。得推測其一二。然未來之宇宙。究屬如何。則吾人竟莫能豫料之。

依近代科學之研究。吾人所目爲最細最微之物體。無過於電子。電子爲一自轉之光體。其周圍附帶二十七八乃至三十個小球。各小球俱以極快之速力。廻轉於光體四周。是電子雖微。其狀猶如太陽。自轉同時。有數多行星。各廻轉於太陽之四周。一電子而實可名之爲一個小天體也。尚得謂之至微至細乎。

電子相集成原子。原子相集成分子。分子相集成細胞。細胞相集成血球、成筋肉、成一切物體。是故人身與動物、與植物、與礦物、與有機、與無機、皆此細胞之集合體。而地球與太陽與諸天體、亦此細胞之集合體也。

由此理推之。電子可視爲一個小天體。天體亦可視爲一個大電子。我太陽系即一電子也。他太陽系亦一電子也。設我太陽系與他太陽系。共集成一大原子。構成一大分子。甚至構成細胞。構成物體。其物體雖非如吾人人類或他動物或他植物之狀態。而在吾人想像力以外。要必能構成一種特別之物體。無疑

此物體爲以諸太陽系作電子集合而成。其能環流於大宇宙之脉管。猶之諸電子流過於吾人全身云

凡電子必有光與熱。而其發光與熱之原料。則取之於他。例如人與動物。以食物爲一種燃料供給於電子。俾其發光與熱。太陽地球火星金星以及他太陽系之星辰亦以他物體爲燃料。發光與熱。

地球上動物之攝取食物也以口。植物之攝取養分也以根。太陽、地球與其他行星恆

星之攝取燃料也。亦各有其道焉。

人類攝取食物。變爲葡萄糖。以營養身體。人之所熟知也。然葡萄糖再變爲何物歟。答之曰。宇宙之精氣而已。此宇宙之精氣。被電子所吸收。則電子發光與熱。及於原子。及於分子。以至及於細胞。及於血球。及於筋肉。當其熱量之用既終。卽排泄於體外。供他異性物之燃料。

太陽系之大電子。亦以宇宙精氣爲熱料。猶之人類以食物爲燃料。此精氣雖不能目睹。然瀰漫於空間。任太陽及地球之吸飲。藉曰不然。太陽及地球以何物維持其熱量。繼續其生命歟。

人或曰。太陽之光、熱。地球之地熱。俱爲自身所固有。不藉他物供給之。然能力不生不滅。爲科學家所公認。凡物常消耗能力。而無他能力以補給之。則決不能維持。至於永久。例如煤之能力。可使電車運行。電燈光明。火車、輪船行動。然無煤繼續補給爲燃料。則動力不能持久。依此理。可知太陽、地球欲維持其光熱。亦必藉他物補給之。

由上所述。電子爲小太陽系。其吸收精氣。補充熱料。與他球、太陽、他天體亦吸收精氣補充熱料同。何則。地球、太陽及他天體。均爲電子集成故也。

人類與一切動植物。皆有生滅。太陽系諸星亦有生滅。是生滅亦可名之曰變化。人類動植物及太陽系大宇宙。無時無刻不在變化之中。吾人惜未能直接認識之耳。

更觀人類與動植物吸收排泄之功用。其吸收也以口。以根。其排泄也以肛門、尿道皮膚及枝葉。電子原子分子細胞。以何吸收精氣。以何排泄不用物乎。吾得而應之曰。自吸口吸取食物。自泄口排泄不用物。太陽、地球及他星辰、大宇宙。以何吸收精氣。以何排泄不用物乎。吾亦得而應之曰。自吸口吸取食物。自泄口排泄不用物。

電子、分子、太陽地球亦有吸口乎。人或疑此說爲荒誕。然電子、分子有無吸口。茲姑不論。今試論太陽、地球之吸口。太陽、地球之吸口。俱在南北二端。太陽以極快之速度自轉時。從南北二端吸收宇宙之精氣。地球以極快之速度運行於太陽四周時。亦從南北二端吸收宇宙之精氣。吸口所在之地。卽地球兩磁極也。

吾人欲證磁極爲地球之吸口。當先考宇宙精氣果爲何物。夫治貧血之症。必以鐵劑。或用蘋果鐵丁幾、或用檸檬酸鐵幾那。或用還元鐵幾那皮。或用炭酸鐵。皆能使血少之人變爲强健。非特療人之貧血而已。療禽獸與一切動植物之柔弱病亦用之。是可知鐵爲營養血液細胞之要物。然血液細胞成於電子。故可見電子與鐵分有密切之關係。

太陽、地球所吸收之精氣。亦與電子所吸收者同。皆與鐵有密接之關係。今試用三菱玻璃分析太陽與遊星及恆星之光、卽見其中以鐵與氫之光帶爲最多。然鐵與氫根原同一。科學家曾言之。又試觀各種礦物混合溶液之光線。最似鐵之光線。墜於地球之隕石皆爲鐵質所成。是各種太陽系之天體與動植物內諸分子諸原子諸電子。其成分之大部分係鐵分。而太陽地球以至原子電子吸收之精氣。亦卽鐵分明甚。

從此假說立論。宇宙精氣實爲鐵之原體。此原體幾經變化。遂爲電子。宇宙森羅萬象。無一非此根本原體之變化。他日科學進步。可使金銀銅錫與他原質均變爲鐵質。反之可使鐵質化成金銀及他寶石類。

此原體為大宇宙之食物。太陽地球均從南北二端吸收之為食料發熱量。地球上磁鐵必指南北者。因南北吸口吸收該鐵質故也。

秋夜仰望天空。常見無數流星。向地球落下。此等流星落下地球之時。因地球自轉迅速。不能直落地面。而必斜墜空中。當其斜走空中時。與空氣摩擦劇烈。發生多量之熱。每熔為蒸汽而四散。不能達至地上。其有能達地者。乃較大之流星。不能盡熔為蒸氣故也。故每日所見流星甚多。而落為隕石者則極少。可知其中途盡化為蒸汽。飛散於空中。夫此飛散之蒸氣。果至於何處乎。是卽諸天體所吸收之精氣也。

科學家言每年落於地球之流星。約與地球全量相等。地球全重毫不增加者何歟。是乃流星化為蒸氣。被地球磁極(卽吸口)所吸取入於地球體內變為熱量故也。地球除吸收此等流星之外。又常吸收無量之精氣。為吾人目不能見。而地球吸收精氣。發生地熱。變為不用之物。則從泄口飛散。逃走天空。再為他天體之食物。他天體更有不用之物。則更爲他天體之食物。如斯一天體之所不用者。他天體取而爲食物。展轉變化。終至於大宇宙之肛門所排泄者。猶爲他大宇宙之食物。

精氣所成之小天體。(流星)浮游於空間。爲太陽、地球及他星辰所吸引。所食盡其狀猶如一切黴菌入於人體。爲白血球所食化。故此等小天體。可名之曰宇宙之黴菌。

地球之吸口在南北兩磁極。其說既如上述。然則其泄口果安在歟。地上之大火山與赤道圈一帶。卽地球之泄口也。火山中不絕噴出毒煙。如硫化輕之類。赤道地方常發颱風。傷人畜草木。是皆地球口泄排出無用物之證。今日科學者言低氣壓之成因。由於氣溫驟降。其說雖非無據。然尚非充分之原因。蓋低氣壓之生成。係於地球排泄無用物至外方使然。不獨氣壓之關係也。是故當低氣壓發生。地球毒氣外積。罹梅毒、痲病、腫物、腸胃病、頭痛及跌打受傷、骨傷腫痛之人。必舊病復發。困苦不堪言狀。若謂氣壓與氣溫關係。無地球排泄之毒氣。則諸病何致變劇。如響斯應。要之大至太陽、地球及諸行星。小至電子、原子、分子、細胞、血球。皆如上圖。由南北兩端吸收精氣。由中央赤道帶排出無用物。其說甚可信。

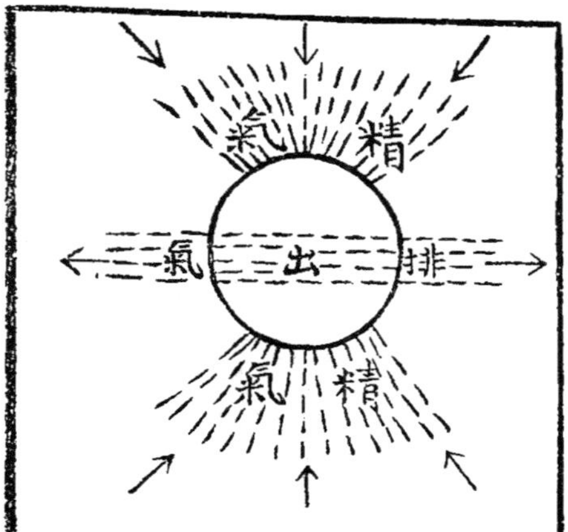

太陽地球及他星辰吸收及排泄之假想圖

不惟電子、原子、分子、細胞、血球、筋肉乃至太陽地球及他星辰。能吸收精氣、排泄無用物。維持其生命而已。且有五感存在焉。何也。人民者。國家之電子也。原子也。分子與細胞也。國家之思想、感覺。係於各個分子卽人民之思想感覺。同理。人類禽獸蟲魚及植物等之心念感覺。係於各個分子卽細胞分子原子電子等之心念感覺。是則電子原子、分子、亦有相當之感覺也。由是以推地球太陽及他星辰。亦必有相當之念慮感覺。甚至幾千萬億個太陽系構成之大宇宙。亦必有相當之念慮感覺。

約言之。則大宇宙之大精神。通乎地球、太陽、諸行星乃至最小之分子、原子、電子而無不一貫。無不共通。所謂宇宙精氣之精神也。此精神瀰漫於宇宙各處。顯幻生滅變化無常。縱之則彌六合。放之則退藏於密。

非有精氣而後有個體。亦非有個體而後有精氣。精氣、個體。一而二。二而一者也。宇宙根本之精氣。非個體。亦非心念。實卽兩處兼並之靈。可名之曰實在。可名之曰實相。亦可名之曰空。名之曰圓覺。人類鳥獸草木之所以生。爲此精氣集積之變化。人類鳥獸草木之所以死。亦爲其變化之變化。

吾人住居地球之上。所見地球最大。故以地球爲大。以太陽爲更大。同理若住居於血球與電子之生物。則自以電子爲大。以分子爲更大。又住居於大宇宙者。以大宇宙爲大。以大宇宙中心之光體爲更大。故曰宇宙卽精氣。精氣卽宇宙也。

試以精氣譬於物。則精氣猶水。遍在於山、澤、池、沼、江、河、洋、海。其水蒸發爲雲爲雨。行於地中。為泉為澤為湖為河。復歸於洋海。一波動則萬波生。因緣盡則寂滅平靜。有生者病死之苦。有常寂光土之樂。苦之水與樂之水。惟其形狀不同。若水之本性則一。大海之中投以巨石。成為圓波。其波能擴成無數圓形。行進四周。美國海岸之地震或暴風。忽焉波及於黃海沿岸。宇宙精氣大海亦復如是。

亞歷山大、成吉思汗、拿破崙、威廉等之運動。足以震動世界。孔子、釋迦、基督、摩哈默德之思想。足以影響全地球。是皆一人之精神力感應於世界精神大海。亦猶美國海岸之地震。傳播於黃海沿岸。其理相同。

是故人若磨練精神。與宇宙大精神相符合。則精神所至。無事不成。吾氣少時讀西遊記。以謂孫悟空與豬八戒之大顯神通。皆荒唐無稽之談。然今日人人少體之精氣苟與宇宙精氣相一致。西遊記全部所說。多可實現。

吾人為精氣之集體。宇宙亦為精氣之集體。精氣之大集體。曰神、曰佛、曰大宇宙、曰造物。吾人磨練修養。使一身之精氣。歸於大宇宙之精氣。則一身可顯大宇宙之神力。無時不與宇宙相交通相融合而得眞正之神通自在。

現在科學日進。機械昌明。飛機飛艇。馳走空中。猶孫悟空之翻筋斗縮地術。電報電話交通消息。猶孫悟空之結印念咒。召集海龍王及山神土地神。然今日之技術。皆籍機械而行之。孫悟空則不然。能以個身縮地。個身潛入水中。個身與萬里之遠容通話。是一方爲物質發達。一方爲精神發達之區別也。

現今物質進步之結果。精神愈趨於退步。舉世皆熱中科學之人。精神方面。日形衰落。其弊至於弱肉强食。貪慾無厭。產生萬惡之軍閥。不良之財閥。[redacted]。[redacted]。尤爲世道人心之隱痛。當此之時。宗教上信仰宣告破產。精神上物質上俱失方針。而古代黑暗時代。又將復現。洵可憂也。

本書爲世人修養之指南。潛心研究之。可使人身精氣與宇宙精氣合一。發現不可思議之大威力。予輩希望世人熟讀是書。鍛鍊身體。增進人類無上之幸福。發揮神通自在之能力。小之有益於身心。大之有益於社會。是則著是書之微意也。

備考

1 地球北磁極在北緯七十三度三十五分。東經二百六度二十一分。南磁極在南緯七十二度三十五分。東經百五十二度三十分。

2 太陽黑點或稱爲大颶風之中心。或曰與磁石大有影響。或曰與地球氣候大有關係。故太陽黑點恐爲太陽之吸口或泄口。

靈肉修養奇書

原名易筋經洗髓經

上篇　易筋經義

第一　易筋總論

凡學佛修行之士。必先知有二義。二義維何。清虛與勇往是也。心宜清虛。行宜勇往。何謂清虛。其名洗髓。何謂勇往。其名易筋。何謂洗髓。洗除心中之垢。發出真大光明是也。何謂易筋。變化筋肉之質。鍛練强韌之體格是也。

人身外自皮肉。內至四肢。無處無筋存在。筋者通全身之氣血。衛全身之精神。主全身之運動者也。筋弛軟則身體痛苦。筋縮短則身體痙攣。筋痿靡則身體無力。筋折斷則身體不能運動。甚者死亡。反之筋强壯則身體固堅。筋發達則身體偉大。筋調和則身體健康無病。

人之筋何以有强弱之分乎。此皆由於天禀之氣質。與環境之影響。使然非人功所可倖致。然人力亦能使弱者强。攣者直。柔者剛。衰者健。全其道在於易。即所謂易筋術。抑易筋術。亦未易言也。功有淺深。法有內外。行有起居坐臥。此外歲月循環。氣候變遷。飲食起居境遇。各人不同。未可以一概論。故實行是術者。宜始終有度。多寡有節。清心少慾。堅忍不拔。循序漸進。始可進於聖人之域。否則非但無益。反有流弊。慎之慎之。

第二　膜論

上文言人身中無處無筋。茲當論者。筋之外又有膜。

膜較筋稍軟。較肉稍硬。筋之形爲長條。爲細縷。半連於骨。半連於肉。膜之形扁平。緊附於皮肉。工者狀態不同。故鍛鍊工夫亦異。

鍊筋易。鍊膜難。何則。行功以氣爲主。天地生物。皆藉氣而長成。故鍛鍊身體。亦恃氣之運用。然筋體虛靈。易受氣。膜體呆滯。不易受氣。故鍊膜之功。倍於鍊筋。筋與膜雙方發達。然後皮肉活動。身體健全。世人若徒鍊筋而不鍊膜。則譬之植物無沃土輔助。終不免於枯朽。

第三　內壯論

內與外相對。壯與衰相對。內壯比外壯尤要。

凡鍊內壯有三法。其一名守中。目的在於積氣。為修養第一步。其法。張目仰臥閉口正呼吸。四肢不動。一意存心於『中處』。毋起雜念亂想。所謂中處。卽胸之下。腹之間。以兩掌輕揉身體。(揉法見後)使全身神氣注集於其處。行之日久。自然有無量之功力。

人身之精血神氣。皆隨意志而運行。意於何處。神氣亦行於何處。守中者。以意注力於『中處』。集全身精氣至『中處』之謂也。集之既久。精神常守中而不外溢。有內壯之效驗。若守中之精神更充滿於四肢。則不惟得內壯。又成外壯。

第四　揉法

揉法為揉筋之法。其原則有三。一初揉必在春月。最初解襟袒胸。百日後及於身體全部。故自春月揉起。天氣漸暖。可以裸體練習。

二揉時必從右向左。揉時不可勉强用力。須一本乎自然。

三揉時不可過度。不可過重。須知天地生物皆有次序。不可速成。氣至則自生。時至則自成。若用力過甚。反傷筋膜肌肉。爲害不小。

第五　陰陽配合論

天地爲一大陰陽。陰陽互相調和。始生萬物。人身亦一陰陽。陰陽互相調和。則百病消除。然天地之陰陽。常合與中庸。無時不調和。人身之陰陽。容易相悖相戾而成諸種疾病。故究陰陽交互之理。以人力和其相悖者。調其相戾者。亦內壯之一端。

假如有人陽衰。患虛弱之病。可以少女揉之。蓋女子外陰內陽。利用其陽以治衰弱也。

又若有人陽盛陰衰。患重症熱病。可以少男揉之。蓋男子外陽內陰。利用其陰以制過盛之陽也。

第六　行功之輕重

初步行功宜輕。故用子童揉最宜。一月後。氣積既多。始可用力。然猶不可過度。

第七　行功之淺深

初步行功宜淺揉。漸次加力深揉。至後則用槌與杵試行打搗之法。然打搗不可過深。

第八　氣分內外

行功百日後。胸部筋膜、徐徐高起。是爲精氣充滿體內之證。其狀有如河水汎濫。沛然莫之能禦。此時當留心防其外溢。若一外溢。則如決堤之水。滔滔奔流。不可制止。前功盡棄。愼之愼之。

欲使集積之氣。不外溢而注於內。須以石袋(見後)搗心臟口。至兩肋間、同時併用揉法、打法。其次序先以手揉。次以石袋搗。再次以槌打。鍊習既久。肺氣與心氣會合循環以入於骨。入於骨。則氣路貫通。無外溢之處。然後內壯成矣。

學者初次行功。集得精氣。未經內注於骨。則一有不愼。散走外方。卽難得內壯之效。

第九　行功禁忌

初行功三百日間。不可行房事。蓋功以積氣爲主故也。必不得已。則初行百日間。絕對禁止性慾。百二十日後可一度交接。然當上文所述氣分內外之際。切忌房事。待精氣已入於骨。內壯功成。則無房事禁忌。

然此對於常人而言也。若果功夫高深。其人自然消滅性慾。雖不言禁忌而亦不犯之。

第十　木槌杵式

木杵木槌。俱以硬木製成。杵頭尖圓。槌頭長圓。如圖。

杵式

頭長四寸周六寸

柄長七寸周三寸

槌式

頭長四寸周四寸半

柄長三寸半周三寸

用法。杵如搗衣。槌如平打。初輕後重。用力均等。不疾不徐。是爲至要。

第十一　石袋式

木杵、木槌用於多肉部分。石袋用於多骨部分。石子宜取圓者。最大如櫻桃。最小如梧桐子。水中取得之石子最佳。以其光滑無稜角故也。

石袋式

腰長居袋長三分之一

袋形兩端尖。中央細。以布縫成。大者長八寸。小者或六寸。或五寸。或三寸。其周圍稱是。石之分量。普通半斤。多則一斤或二十兩。石之配合。大小各半。置於袋中。不可搖動有聲。然亦不可過於堅實。常以石袋搗骨部。則骨膜十分堅壯。其功無比。

第十二　日之精與月之華

凡物之生。皆由太陽之精與月之華。交互融和而始成。古人知其然也。採取日月精華修練而成神仙成聖人。惜其法秘密。知者極少。今紹介之如次。

陰歷每月朔日望日。（朔日日月相交其氣清新望日金水滿盈其氣旺盛）擇晴天。行採取精華之法。不可間斷。如遇天雨。可延至初二、三。十六、七。然初三、十七以後。氣已虛弱。不宜採取。待下月再行。

朔日。早起。登高。面太陽正坐。以鼻齊呼吸。用焦桐寫「煜」字於上顎。徐徐吸入太陽光華。（實即含有太陽光線之空氣）待吸滿口。隨咽下丹田。如是七遍。靜坐半時間。是爲吸太陽精華之法。望日擇月將昇於中天之際。亦如前正坐。以鼻齊呼吸。寫「煜」字於上顎。同法採取月之光華七遍。

此法初行。不過送吸氣於上丹田。三月後。送至中丹田。久之送於下丹田。

如斯採取日月之精華。洗滌全身之汚濁。精氣通行乎四肢。靈光洋溢於臟腑。以人通天。以天鍊人。其功實未可盡述。

第十三　觀心返本

人於母胎內當人形初備之始。先天的充滿元氣於臍穴。洎呱呱墮地。則分配於上丹田及中丹田。再長成則灌流於耳目口鼻四肢。及壯年。遂漸被陰陽消耗。思慮嗜慾傷壞而陽氣益缺乏矣。

故成人行功。不如童年易得成效。宜由觀心與洗心二法。使人身元氣。散於五官及全身者。再返於上丹田。而後可著手修練。

觀心之法。午前零時至正午間。不問行住坐臥。有暇則正其身體。端其姿勢。耳無聞。目無見。常省察自己之心。以鼻吸天地之清氣。以口吐腸胃之濁氣。吸時長。吐時短。每日行若干時。即爲觀心法。

第十四　洗心法

午前零時至正午。屬於午前。爲之陽。正午至午後十二時。屬於午後。爲之陰。午前行觀心法。午後行洗心退藏法。其法午後不論何時。靜坐。以意注集於眉心中。常作「午前吸氣、充滿全身、現在週流於眉間、從腦下降、由脊兩側達左右兩臂、過睪丸、依原路返頭頂、然後從前面下行、至咽喉、迄上丹田」之感想、如此練習三百日。精氣自然蓄積丹田而無散走之患。

第十五　法輪自轉

學者行功積氣既久。恆有壅滯之弊。宜以此法和緩之。卽於行功之終。每回靜坐一時以鼻徐徐呼吸。心中無念無慮。右手握拳。置腹之中央。臍之上部。自右向左旋轉三十六次。初旋作小圓形。漸旋爲大圓形。三十六次畢。復自左向右旋轉三十六形。亦初小後大。轉時須不疾不徐。靈妙圓滑。此法與觀心返本洗心退藏。三者並行。無有間斷。則內功告成。

第十六　歸功復命

純陽爲仙。純陰爲鬼。然陽氣滯而不宣。反爲混濁。陰氣通行自在。其體轉變清淳。故化濁陰爲清陰。清陽乃愈通暢。上文諸種修練之法。行之得宜。例如日月精華法行一個月。觀心洗心法行一二月後。再行歸功復命法。則清陽充積於內者厚。流行於外者亦廣。陽無不宣。陰無不化。其效更著。

其法每日睡起。披衣在床向東盤膝坐。吐濁氣七回或十四回。次兩掌對摩三十六回。兩手擦面三十六回。上下叩齒三十六回。口念『緊沙迦羅』十二遍。又念『唵哞呢叭迷吽』六字二十四遍。然後以意注射於臍。使心中所積之氣。腎中所集之液。俱送於臍下丹田。然後以鼻徐徐呼吸。吸氣十次。閉鼻分三口咽下。達於中丹田。少息再吸氣咽下。每咽氣後。通常呼吸。休息暫時。如是共吸氣一百二十咽。三十六回。乃行法輪自轉功。下床起身。

當吸氣時。以鼻呼氣時以口。鼻象天。口象地。天之門入清陽。地之戶出濁陰。乃天地自然之理也。

第十七　初月當行之功

行功之初。宜選少年四人。交代揉身體。少年力小。揉之不虞過度。且血氣方剛。尤有可取也。

行功之初。每日早朝。歸功復命。起床。乾沐浴。（乾布摩擦）服內壯藥。少息。始行揉法。開襟仰臥床上。命揉者以右手按心之下。臍之上。自右向左徐徐撫摩。用力平均。不輕不重。至手疲。則他一揉者代之。

揉時。精神無念無想。集合於被揉之處。與揉者之手掌相一致。若不知不覺。自然入睡。最爲有效。如是功終。卽靜坐半時間。行法輪自轉而後起身。行動飲食如常。有暇則觀心洗心。以後每日准之。

第十八　二月當行之功

行功一月後。積氣漸多。胸間筋肉膨起。爲其特徵。此時揉者用兩手揉。如前。又以木杵搗心臟與腹間低窪部分。此部分爲膜所成。揉之無效。搗之則膜始堅硬發達。

第十九　三月當行之功

行功二個月後。身體各部窪下之處。皆變膨滿。此時以木槌輕打。兼用手揉。及木杵搗。

第二十　四月當行之功

行功三月後。用槌打、杵搗。積氣愈厚。全身筋膜皆膨起。

第二十一　五月至八月當行之之功

行功滿百二十日。仍於心臟下部、兩橫腹、兩肋間。兼用揉法搗法、打法。此時爲內壯外壯分界期、最宜謹愼。不可令氣散入四肢。須導於骨之內部。當此之時。積氣能循搗打之處而行。卽宜揉心口上部至頸。及右肋上方至頸。兼以木杵搗之。復打全身。如是經百日。氣滿於前胸。任脉之力充足矣。

第二十二　九月至十二月當行之功

功行二百日。上體前部充滿精氣。任脈之力已足。今運氣入後部脊骨。充力於督脈。其法從右肩至頸側至後頭頂。(接枕之部)從左肩同樣至頸側至後頭頂。又自後頭頂下由脊髓至尾閭骨。如前法揉之、揉之、打之。周而復始。不可逆行。又在脊之兩旁軟肉部分。揉搗且打數遍。如是百日。氣滿於後脊。督脈之力亦足矣。

第二十三　凝神術

行功滿一年。、督任脈俱足力。乃可行下部之功。

當行功於下部之前。先行歸根復命。暫時。所以順氣充神。爲內壯之源、復以凝神術逆而運之。爲內壯之用。順則氣滿。逆則神足。一順一逆。道乃大成。法於行歸根復命之次。行凝神術同樣。夜明前。披衣盤膝坐床。心想臍輪後方腎堂前方黃庭下方關元中間。其處名下丹田。徐以鼻吸息。送入會陰。轉至尾閭。於是如忍大便狀。運至上腰脊。上背脊。上行泥丸。轉入山根。達於玉池。(舌底)與口津下咽。入上丹田。又併上丹之氣咽入中丹田。此處復併中丹田之氣。咽入下丹田。是曰一回。一回既畢。復調呼吸咽之。如是十四回。行法輪自轉。起身下床。

第二十四　睾丸與玉莖之功

行功三百日。、督任二脈俱積氣。乃行下部之功。是卽睾丸、玉莖之功也。

凡人在母胎內。督任二脈本相通。及出胎。飲食滯其氣。物欲蔽其神。二脈始不相通。督脈自上牙齦至頭頂。由脊行於尾閭。任脈自承漿至胸至下腹至會陰。故二脉之氣不能會一。今行下部之功。則神氣貫通二脈之間。

其法有兩處十目。兩處謂睾丸與玉莖。睾丸用攢挣搓撫四法。玉莖用扣捽握束四法。

又有咽洗二法。兩處兼行之。

攢、挣、搓、撫、扣、捽握七法中。睾爲用氣入睾丸。他皆用手練習。二時間爲度。始輕終重。不拘度數。咽在行功之前。以鼻吸清氣。咽送入胸。又吸入腹。更吸入睾丸、玉莖。前後共三十六咽。洗爲藥水洗滌。束爲洗後以軟帛緊束莖根。

此功行百日。督任俱通。身體强壯無比。精力絕倫。

第二十五　動靜四肢論

下部之功既成。督任交通。精氣卽宜講究四肢强壯之法。其法用十段靜功運氣入骨髓。復用十八段動功運氣於皮肉。以槌杵打搗堅固體外。以丸藥助長內臟。以洗藥剛健皮膚。以鍊手之功堅强指顯。歷之三年。其體爲金剛不壞身。不爲無形之邪所侵。不爲有形之物所傷。內外兩全。神完守固。斯爲入聖之基。分論於次。

第二十六　靜功十功

早起服通靈丸六十四丸。待其溶化。每行十功之際。以鼻吸氣。運於骨髓。不可用力。若用力。則變爲動功。其效鮮少。

其初。每日五六呼吸。漸次增加度數。至於二寸香爲準。一日行三次。畢行打洗神通。尙有暇。則行觀心洗心諸法。

此功連續行十月。卽可告成。其後於有暇。則復習之。（但丸藥每日只服一次）所謂靜功十段。舉如次。

第一功　韋馱棒杵　心想尾閭上方第二節。運氣自背上行。達指梢。

第二功　獨立金剛　心想項後一寸三分。運氣自足心至兩肘梢。及於拳。

第三功　降龍　心想頭項後方風府穴。運氣自腹至手。

第四功　伏虎　心想風府穴。運氣自背至前肩。由臂達於拳。

第五功　天地奪魄　心想尾閭前方腎囊運氣自湧泉穴通全身至頭頂。

第六功　虎坐　心想臍前任脈穴運氣通全身自上及下。

第七功　龍呑　心想天靈穴運氣自足跟通頭頂。

第八功　御風渡江　心想臍後方運氣自背上通頭頂。

第九功　回回指路　心想命門腰閭運氣自背下歸於脚底。

第十功　觀空　兩指作圈心想其空處運氣通於全身。

第二十七　打洗神通

每日動靜二功畢行打洗法先用木槌木杵打右肩上部直至中指背又自肩前方打至拇指背與食指背自肩後方打至無名指背與小指背然後自肩內部打至手掌內面拇指梢次食指梢又自肩下方打至手掌內面中指梢次無名指梢次小指梢五十日後改用石袋。

打畢以如意散湯洗全身洗畢撫摩周身數遍打時從肩而下切不可逆上每日三回。

每回二時間。越百日。換左手行之。亦以百日爲度。

靜功所以充實手足與骨髓之力。動功所以練磨皮肉。內外合一。

第二十八　動功十八勢

朝起服通靈丸。功畢。行打洗法。一切同前。每日三回。以十個月爲度。成功後亦宜時時練習。愈久愈妙。

此動功雖著聞於世。然非有內功之根基。習之非但無益。反有阻斷筋脈之患。

第一　鶴舞

向東南方直立。兩足左右分開。足跟少向外。如乘馬之狀。兩手握拳向上。曲肱水平。復分開伸肱至左右。如是十回。以兩手徐按地上。若壓重物不勝其重者。達地面。則兩手向上。若舉重物然。上下各三遍。

第二　龍舞

如前。直立。兩手水平。分左右。漸向後方上升。至頭頂。則回歸水平。曲肱於脇下。以腕回轉向前推出。如是六遍。其中三遍指尖向上。三遍指尖向下。不可着力於手之脈息處。

第三　推託

如前直立。左手掌向前舉至水平。次右手同樣舉至水平。兩手用力伸直。握拳。徐徐會於前方。垂下。其次右手先舉。與前同法。左右各行三遍。後兩手背向前。亦各行三遍。終微捻身體。左右兩手交換前推。亦各三遍。

第四　鳳凰舞

如前直立。兩手握拳當胸乳。次以一拳伸開。上升。他拳仍按乳部。左右各三遍。終兩手握拳，仍當胸前曲肱。以拳上舉。開拳。徐向下。兩手相合。更兩手分開。握拳按胸。如是三遍。

第五　虎晛

兩足斜向右(左)直立。兩手握拳當胸。向前伸出。微曲肱。同時微以拳內轉。次兩手向後。同法行之。兩足左右換向。各三遍。

第六　轉身

前節虎睨終。先轉身向左伸兩拳。至前方。兩肱微曲。如抱物狀。左右交換行之。共六遍。

第七　轉環

如第一鶴舞勢。以左手腕從後方轉至下方。復轉至上方。共九轉。換右手行之。次左右兩手同時從外方轉至下方。復以腕內向轉至上方。共三轉。

第八　進退

直立。兩手握拳。左足一步踏前。左手自上方打下。高與肩齊。右手握拳。置右乳部。前伸與左手相平。約距一尺。次兩手垂下。右足退後。立正。換右足踏前一步。同前右手自上方打下。如斯左右各行三遍。又以足後退一步。左右各行三遍。前後共計十二遍。

第九　左右開弓

如第一鶴舞勢。集氣於小腹。（小腸部分即上腹）如挽弓狀。右手向前。左手作拉弓勢。兩眼注射右手。計拉六遍。換左手行之。左右交換六回。共三十六遍。

第十　童子拜觀音

兩足並立。兩手交叉。按於臍上。翻兩手。舉至頭頂。以意注集丸。用力伸直兩手。漸自前方下降。達於地。其時精神聚集膀胱。用力伸直兩手。待膀胱精力自覺充盈。徐徐起立。復原。兩手仍交叉臍部。共十回。

第十一　美女觀蓮花

前足橫。後足直。成丁字形。兩手緊握。旋轉上體。向左。使心臟與左足踝相對。左膝微曲。次旋轉左右。同前。左右各三遍。

第十二　搖頭擺尾

兩足並立。兩手緊握作拳。伸臂。垂體前屈。上體下俯。體與手左右振盪。頭左右回顧。以能睨臂及足跟爲度。左右交換。共三十六遍。

第十三　金雞獨立

一足直立。他足搭其膝上。兩手攀之。以體坐下、起立。左右各三遍。此段行之純熟。能以一足搭於頭頸。起坐自如。有通靈骨節活潑筋脈之效。

第十四　仙人反背

兩足斜向右。旋轉身體。或左或右。前進三步。後退三步。畢。換兩足斜向左行之。

第十五　蹲地作聲

一足直立。他足屈膝。離地兩手、抱之。上體屈曲。徐徐蹲下。至於地。將近地時。大聲叱呼。躍起。直立。左右足交換。行各三遍。

第十六　旋轉自如

兩足直立。上體左右振盪。兩手隨之振盪。如旋輪然。左右各三十旋。次以兩掌相合高舉至頭上。向左右分開。圓轉。或大或小。上體亦隨之。共十四旋。

第十七　錦雞舞

兩足蹠相接。蹲下。近地。如坐於蓮花上。兩手相握。高舉至眼。用力下擊。乘勢跳起。如是六回。次以兩手緊握。當乳下。兩足直立。入力於足尖。舉踵。復下踵。共十四遍。更左手少舉高右足屈膝。足尖向內斜向後方。用力踏地，左右交換各七遍。

第二十八　鶴立

兩手緊握。一足直立一足提起，以足掌擦直立足。自上至下。左右交換各三回。每回擦廿四遍。

第二十九　鍊手餘功

靜功行百日後。更行動功滿二百日。(其時動靜功並行)斯時精氣已達於指之末端。須行鍊手餘功。每日用如意散湯洗手。湯之溫度。漸增至煮沸爲度。洗畢不可拭乾。宜頻舞兩手。聽其自乾。然後入力於指尖。以指伸縮三十回，次以黑小豆紅小豆各一個，置掌中。用五指擦之。始輕終重。次以豆炙於火。摩擦皮膚。二百日後。兼用細石擦之。如此練習日久。能使全身精氣通行至手。皮肉筋膜骨髓相融和。功難盡述。鍊過之手。外貌雖與常人無異。然臨用之時。集氣於手指。能以兩手指穿破牛腹。斫斷牛之頭骨及巨石，

第三十　神勇八段錦

內壯既熟。骨力堅固。卽宜練習八段錦。以充力於全身。其法爲提、舉、推、拉、抓、按、盪、墜。須在大樹旁依次行之。有暇卽習練。不拘度數。

提與舉爲以大石提起或舉起。始輕漸重。推謂推樹身。拉與抓謂拉樹枝或抓之。按謂按摩樹枝。盪謂兩手攀登樹身。盪搖身體。墜謂攀於樹枝仰面放手自然落地。既達地卽起立。但其時須用力於背。若着力他部。反傷身體。

第三十一　神勇餘功

內壯外壯兩俱完全。方稱神勇。然功成之後。尤宜時常採吸日月精華。常行觀心、洗心法輪自轉諸法。併行動靜二功。有暇則選園林樹木衆多之處。任意練習神勇八段錦法。或旅行曠野。跋涉深山。取天地奮溢之氣。鞏固身體。助長精神。夫然後有百折不撓之勇氣。與金剛不壞之軀幹。是眞仙佛之基。入道之門也。

靈肉修養奇書

中篇 服氣圖說

第一 服氣行功之心得

(一)吞氣爲行功最要之工夫。吞氣與煉氣不同。煉氣不得其法。則痰壅氣滯。爲害不淺。吞氣之法。既甚易學。又無流弊。

其法直立身體。張口吸氣咽下。如咽茶水。初時咽氣無聲。繼則咽下。汩汩有聲。入於丹田。

(二)行功當避疾風暴雨及雷電。因此等皆天地之怒氣也。宜擇高爽明淨無風處行之。

(三)每日卯(午前六時)午(正午)酉(午後六時)三時行三遍。不可間斷。起床時行卯功。晝飯前行午功。日沒時行酉功。俱在空腹中。不可在食後。圖中六十四式。計行二時間完了。

(四)呑氣時頭不可仰。亦不可俯。練習之人。無論有病無病。皆忌服藥。

(五)每日行功限三遍。二遍不足。四遍過度。又不可勉强用力。任其自然。

(六)行功之初。須戒酒色。三月以後。可破戒。然體弱者宜終身戒絕。

(七)不問男女老幼。皆可實行。女人行之。終身無難產之患。老年行之。可返老爲童。

(八)行功之初。行平和架。呑氣七口。十日後加武功頭式左右各一遍。呑氣六口。以後每過十日。加武功頭式左右各一遍。呑氣六口。計加至武功頭式左右各三遍。呑氣十八口。再經十日。加伏膝式左右各三遍。呑氣六口。改平和架中望月式爲撈月式。除去其餘氣式。又過十日。加站消式左右各一遍。呑氣六口。以後每過十日。加站消式左右。各一遍。呑氣六口。至日數共歷八十日。呑氣共得四十九口。換行打功。(各式見後)

(九)打功用粟殼。納於長圓形小布袋。袋以藍布二層製就。長一尺八九寸。周圍三四寸。一方縫底。一方設口。粟殼之重約二斤。力小者用一斤餘。

(十)打功先左後右。從左臂內側至肘。至左手心中指尖。次從左外臂至肘至左手背至中指尖。次從左手外側臂。直打至左手小指外側。又從左手肩胛部。直打至拇指外側。如是左手四面打畢。乃打左足。(參照後面打穀袋式)

先從左肋左脇打起。及於小腹上、腿、膝、脚足趾。(左足前面)次從左腋下打起。及腰及左外踝、左小趾側面。(左足外面)次從左血盆骨下打起。及於肚腹。換左手持袋。打肚腹左側畢。隨打小腹左側及於大腿裏側、脚後面、後跟、脚心、脚趾尖。(左足後面)次兩手執袋。屈臂向後打左脊中部二十回。次右手垂下。左手獨打左脊下部。漸及左臀左腿裏側及蹠。(左足裏面)如是左足四面打完。同樣打右手右足。(參照後面打穀袋式。)

打時必從上及下。不可逆向。不可遺漏。每打手足一面。必呑氣一口。故如前打手足四面。呑氣十六口。經一二月後。加巡手七式與呑氣四口。過十日。再加偏提式與呑氣六口。正提式與呑氣三口。又過十日。加薛公站式與呑氣三口。又過十日。加列肘式與呑氣六口。總計氣呑三十八口。加前四十九口。共得八十七口。是爲第一段功全部完了。

（六十四圖參照）

（十一）本卷所載六十四圖。僅第一段工夫。若所傳並舉於書。不下千餘種。初學者先用功第一段工夫。便能百病消除。精神充足。再用功第二段、第三段。約須二三年之久。夫疾病之在內臟者。能以藥治。疾病之在筋絡者。不能以藥治。舒筋脈開血氣。莫妙於此功。現今能指導是術。傳授是法之人。雖亦不少。然如本書繪圖立說。可使人人學習。則未之前聞。此本書所以負闡揚太道之重任也。

第二　行功之次序

行功之次序。並其配合法。如左。

一、騎馬式　望月　舒氣

二、騎馬式　武功頭　望月　舒氣

三、騎馬式　武功頭　伏膝　撈月

四、騎馬式　武功頭　伏膝　站消　撈月

五、騎馬式　武功頭　伏膝　站消　打穀袋　撈月

六、騎馬式　武功頭　巡手　玉帶　垂腰　提袍　幞頭　搔面　朝笏　伏膝　站消　打穀袋　撈月

七、騎馬式　武功頭　巡手七式　偏提　正提　伏膝　站消　打穀袋　撈月

第三　行功六十四式要領

(一)平和架(騎馬式之一)

身體直立。兩足相距同肩闊。兩手掌向上。齊腰。勿與體接。如圖一。

第一圖

（二）平和架（騎馬式之二）

翻兩手。使手背向上。仍與腰齊。如圖二。

第二圖

（三）平和架（騎馬式之三）

兩手自外方圓。轉作一周。如圖三。

第三圖

（四）平和架（騎馬式之四）

兩手向前伸。掌心眞直。手指向上。高與乳齊。同時吞氣一口。凡吞氣時。閉目。吞氣畢張目。以後准之。第四圖。

第四圖

（五）平和架（騎馬式之五）

左足橫開一步。左膝屈曲。左脚斜向右。脚眞直。左手置大腿上。拇指向後。右手自耳後下向。五指相並。指尖朝後。成鷹爪形。如圖。

第五圖

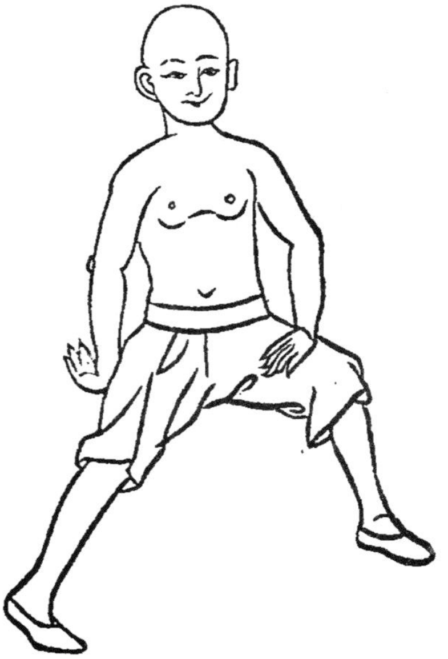

（六）平和架（望月式）

同前式姿勢。舉左手齊目。五指握成空心拳。（拇指與小指對、食指與無名指對、中指微舉。手心內約可容茶盌蓋。）同時以目注視左手。頭向前方吞氣一口。復轉頭至左。視左拇指、食指間之中縫。同法左右交換各三遍。吞氣共六口。

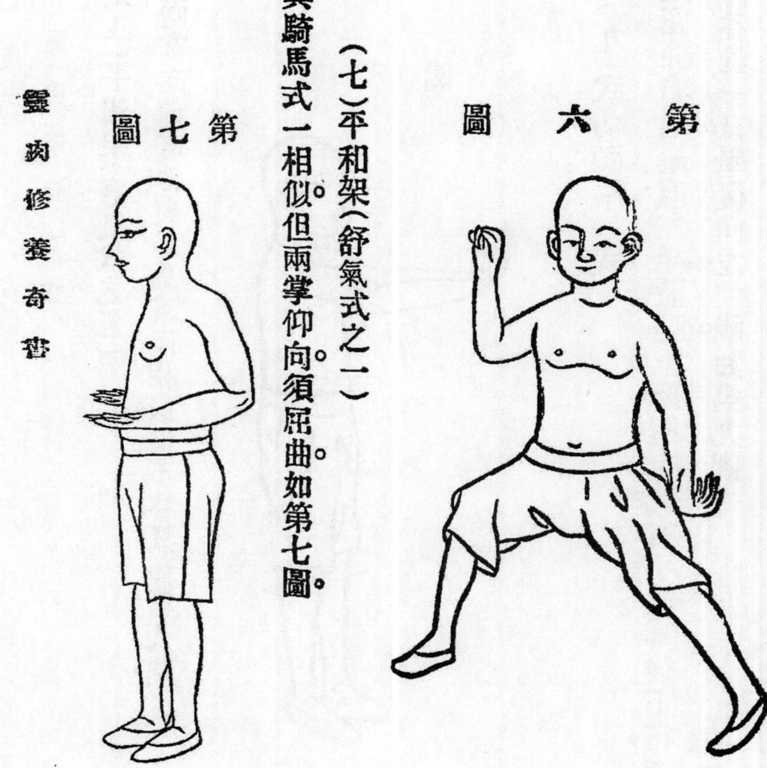

第六圖

（七）平和架（舒氣式之二）

與騎馬式一相似。但兩掌仰向。須屈曲。如第七圖。

第七圖

(八)平和架(舒氣式之二)

翻轉兩掌。向前直伸與騎馬式四相似。但不吞氣。如第八圖。

第八圖

(九)武功頭第一式

左足屈曲。右足眞直。左手置腿上。拇指向後。右手從耳後下行。手指相並。如鷹爪形。頭向前。吞氣一口。畢復向左注視。如第九圖。

第九圖

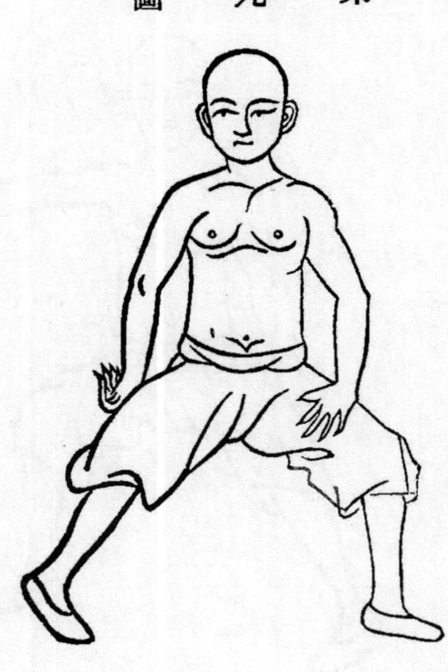

（一〇）武功頭第二式之一

腿上之左手。向前直伸。手指相並。拇指朝上。

第一〇圖

(一一)武功頭第二式之二

伸出之左手。用力收至胸旁。高與乳齊。手掌向下。共伸縮如次。第十一圖

第一一圖

(一二)武功頭第二式之三

以胸前之左手掌向胸。拇指向上。吞氣一口。如第十二圖。

第一二圖

（一三）武功頭第二式之四

又以胸前之左手掌向下。拇指朝下。中指朝上。頭向左。如第十三圖。

第一三圖

（一四）武功頭第三式之一

承上式。以胸前左手掌向上。自耳旁伸至左方。頭向前。如第十四圖。

第一四圖

（一五）武功頭第三式之二

伸出之左手用力回至胸前。握拳（手背向上）吞氣一口。頭向左。同法左右各三回。吞氣共十八口。（武功頭式完）

第一五圖

(一六)巡手式(一六至二三總名巡手七式)

身體直立。兩足相距一尺二三寸。兩手屈曲。兩臂接體。五指分開向上。兩掌相對。如圖。

第一六圖

（一七）玉帶式

分開相對之兩手。自耳後迴旋至腰旁。與臍對。兩手手指遙對。如抱腰狀。指尖離體約二寸許。同時吞氣一口。

第一七圖

（一八）垂腰式

承前式。兩手握拳。手背向下。吞氣一口。如第十八圖。

第一八圖

（一九）提袍式

承前式放開兩拳由脇下轉出前方。兩拳向下。伸至水平。頭向前，吞氣一口。如下圖。

第一九圖

（二〇）幞面式

承前式。以兩手分開。垂下。由脇下轉至頭上。在頭兩旁。距五六寸。手掌向外。手指分開。指尖斜對。拇指尖與目齊。兩肩水平。如捧頭然。第二十圖。

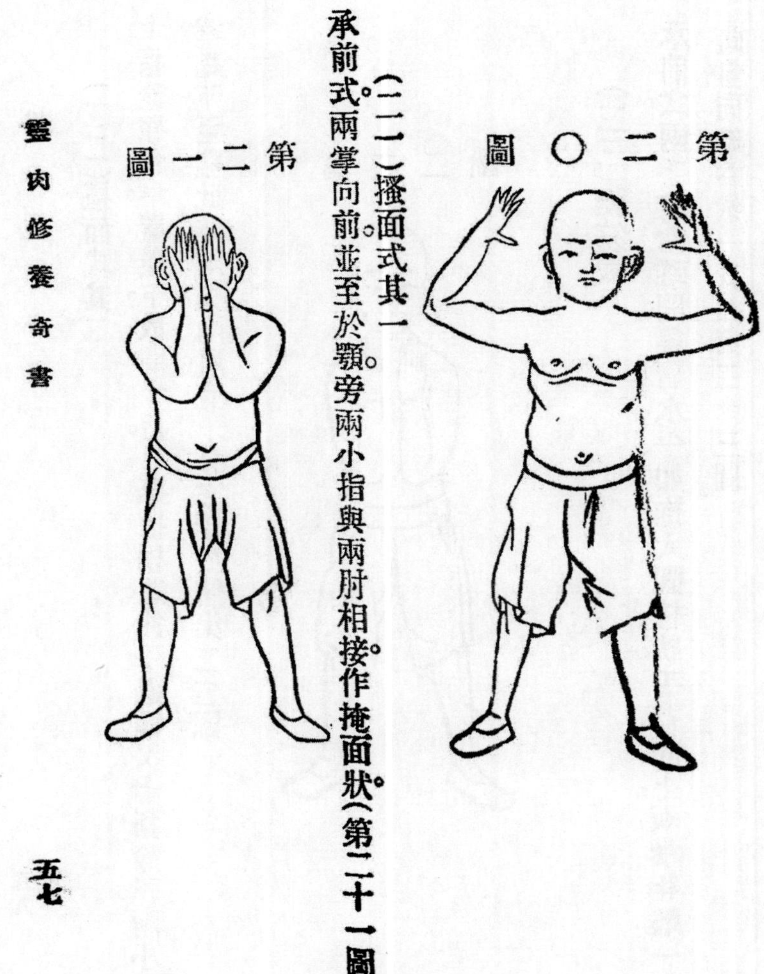

第二〇圖

第二一圖

（二一）搔面式其一

承前式。兩掌向前。並至於顎。旁兩小指與兩肘相接。作掩面狀。（第二十一圖）

（二二）搔面式其二

十指徐屈作拳置頷下。散開十指。兩拇指相並。伸手過額。又十指徐屈。兩小指相並握。拳。縮下至頸。此時兩腕兩肘。宜十分密接於體第二二圖。

第二二圖

（二三）朝笏式

承前式。兩手左右離開。與肩水平。如抱大圓柱狀。手背向上。兩拳相離一尺五六寸。既向前。同時吞氣一口。如第二十三圖。

第二三圖

(二四)偏提式其一。

身體斜立左足曲膝右足眞直兩手相握用力上舉。持至頭上。如二十四圖。

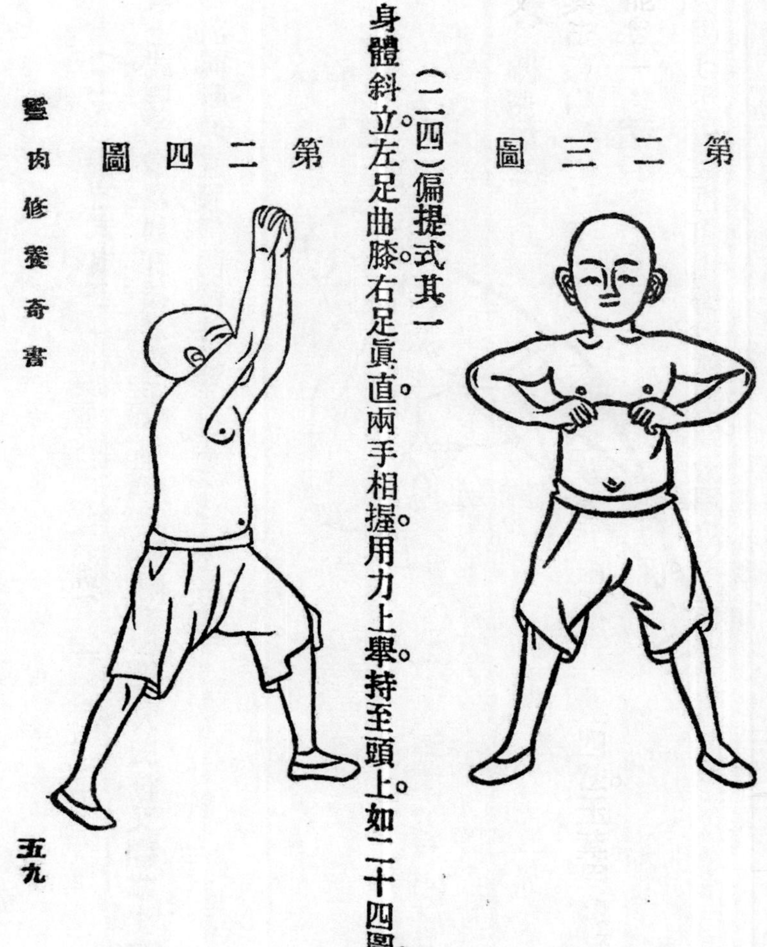

第二四圖

（二一五）偏提式其二

承上式。腰部微屈。如打揖狀。兩手下垂至膝前。兩手分離入脚後。又翻掌上向相會於脚前。同時伸直腰部。兩眼注射手掌。如第二十五圖。

第二五圖

（二六）偏提式其三

兩手分開。頭正直。體直立。同時兩手在耳後握拳。曲肘。畫一圓圈。然後並至於胸前。遙遙相對。約距一尺六七寸。手背向上。吞氣一口。同法左右交換各三遍。吞氣共六口。

第二六圖

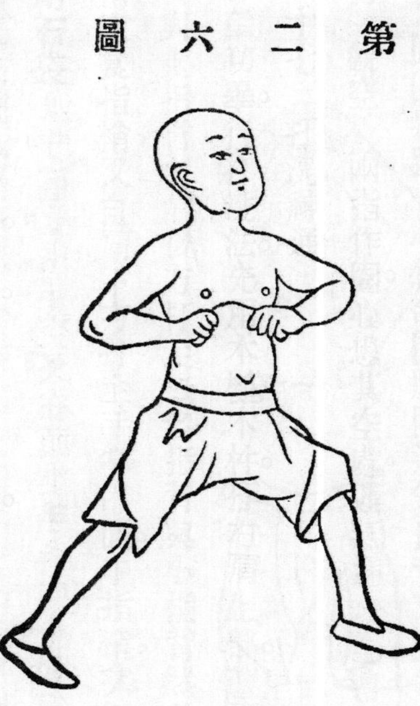

(二七)正提式其一

兩脚離一尺三四寸。直立。兩手交叉在頭上。手背向上。如第二十七圖。

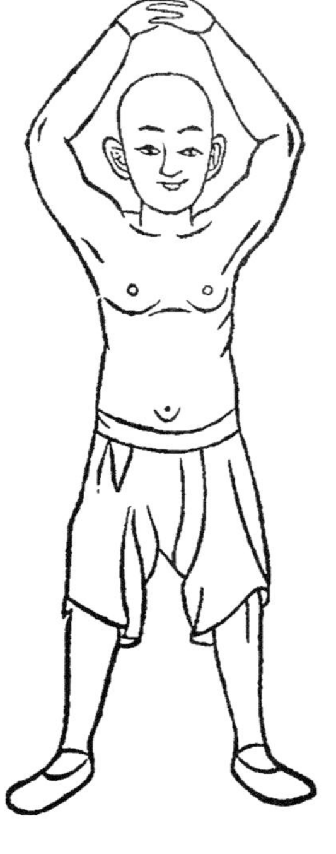

第二七圖

(二八)正提式其二

承下式。微屈腰部。使體向下。如鞠躬狀。兩手掌向下。十指互接。徐徐放下。既達地。則翻掌向上伸直。身體愈能近地愈佳。頭可稍仰。如第二十八圖。

第二八圖

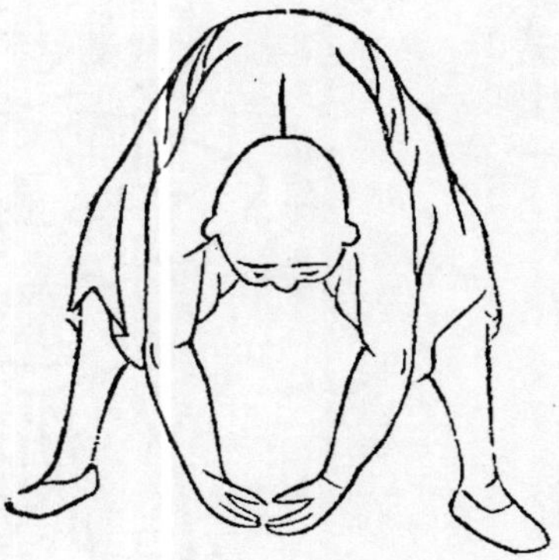

（二九）正提式其三

兩手分開。身體起立。兩手在耳後一轉。握拳至胸前。如抱物狀。兩拳相離。約一尺二三寸。同時頭向前。吞氣一口。如是併前式連行三遍。共吞氣三口。第二十九圖

第二九圖

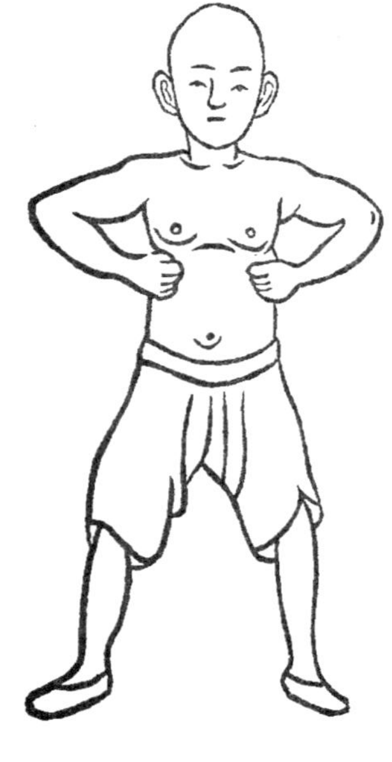

（三〇）薛公站式其一

承上式。伸開兩拳。十指眞直。在耳後一轉。至於胸前。兩手相距約三四寸。如下圖。

第三〇圖

(三一)薛公站式其二

兩手下向。垂至臍旁。如插腰狀。拇指朝後。大指朝前。如三十一圖。

第三一圖

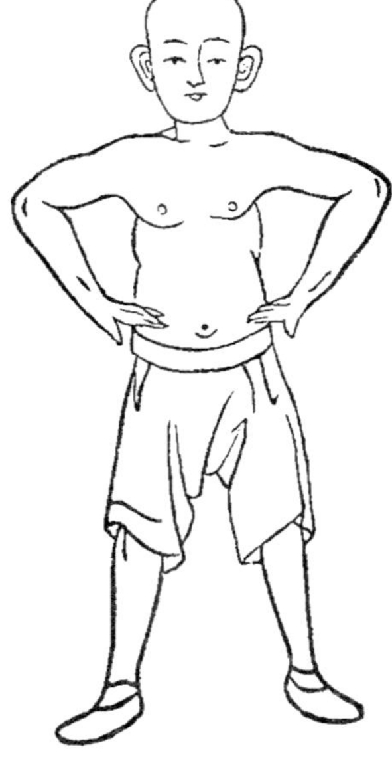

（三一）薛公站式其三

兩手一轉。自脇下舉起。仰掌。托至肩旁。離頭約三四寸。兩拇指在肩前。餘指伸直。向後。

第三二圖

（三二）薛公站式其四

兩手相並。平置頦下。小指密接。掌心向上。腕與肘俱相接。如第三十三圖。

第三三圖

（三四）薛公站式其五

承上式。高舉兩式至額以上。手掌水平。

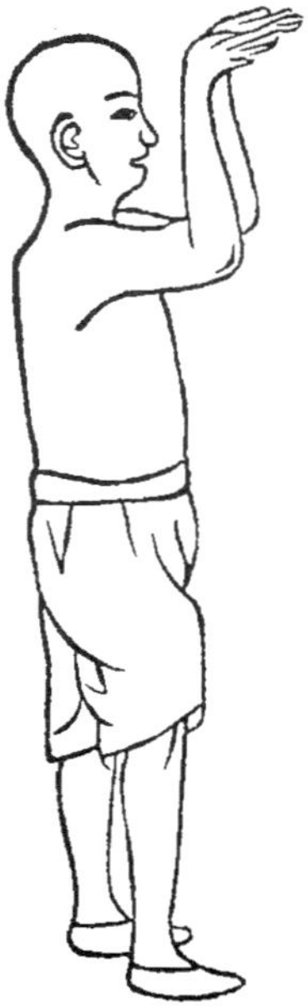

第三四圖

（三五）薛公站式其六

承上式。十指徐徐拳曲成拳。徐徐放下。至顎下。如三十五圖。

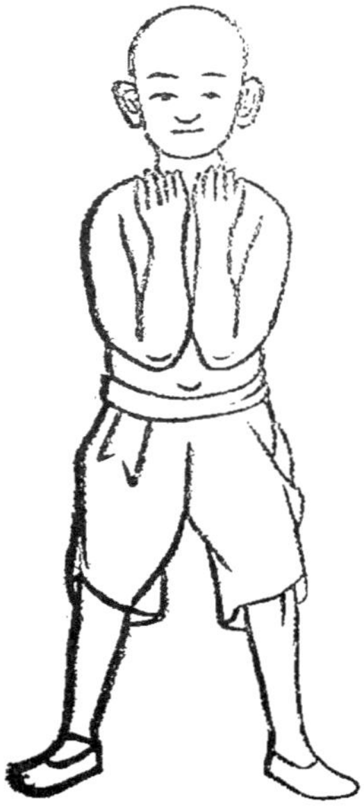

第三五圖

（三六）薛公站式其六（續）

放開兩拳。兩拳仰向兩拇指密接。居頸下。如第三十六圖。

第三六圖

（三七）薛公站式其七

承上式。兩手徐徐上昇至額上。兩小指相並。以掌向面作抓顏之勢。用力垂下至頸下。握拳。少時。隨放拳伸指。如前持至額上。仍使兩掌仰向。如第三十七圖。

第三七圖

（三八）薛公站式其八

次取兩小指相並。仍如抓面之勢。用力垂至顎下。握拳少時。復伸指使兩小指並舉至額上。兩掌向內。第三十八圖。

第三八圖

（三九）薛公站式其九

十指握拳置胸前兩乳旁。如抱物狀、兩拳相離約一尺二寸。呑氣一口。如次圖。

第三九圖

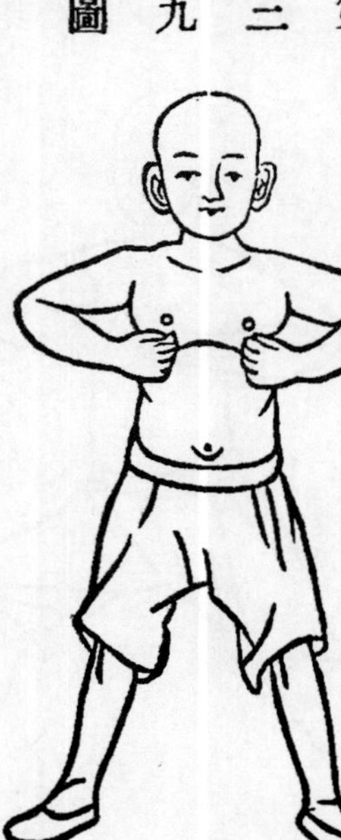

（四〇）列肘式其一

左足曲膝。右足眞直。右足握拳。左掌包右拳如四十圖。

第四〇圖

（四一）列肘式其二

承上式。左肘向左用力一推。同時左足伸直。右足屈曲。身體蹲下幾達地。左掌仍包右拳。右肘少上舉。如第四十一圖。

第四一圖

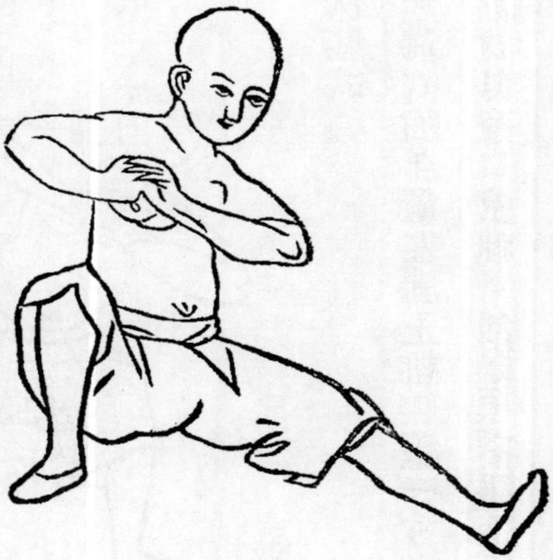

（四二）列肘式其三

次身體起立。左足曲爲弓形。右足眞直。身體左傾。呑氣一口。此時右肘上傾。左肘下俯。左掌仍包右拳。眼視右脚前方五寸許之處。同樣左右各三度。呑氣共六口。（列肘式完）

第四二圖

(四三)伏膝式

左足曲膝。右起眞直。右手置左腿上。離膝蓋一寸處。左手更置於右手上。身體少向下。顏向左。眼向前、呑氣一口、次伸背伸頸項。兩眼下睨足尖前方五寸處。同樣左右各三遍。呑氣共六口。如第四十三圖。

第四三圖

（四四）站消式（窩裏砲之一）

左足曲膝。右足眞直。左手背向上。置心窩。拇指居內。右手掌向上。置臍穴。小指居內。十指俱伸直。頭向前。如第四十四圖。

第四四圖

（四五）站襠式（窩裏砲之二）

次兩手握拳。左拳與乳平。離乳約六七寸。右拳置脇腹間。約離一寸。拳背俱向外。頭向前。吞氣一口。畢轉頭視左方。如第四十五圖。

第四五圖

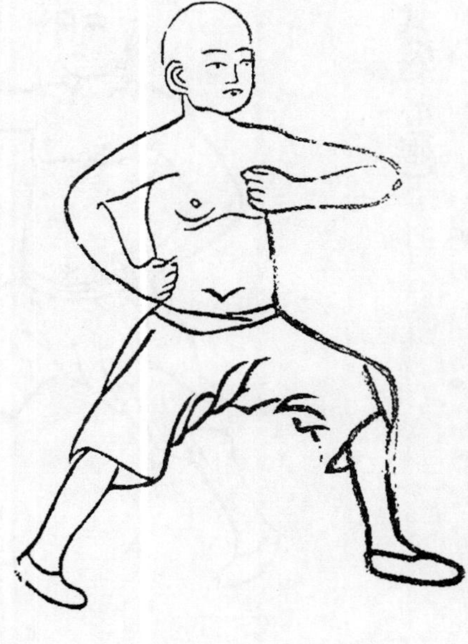

（四六）站消式（衝天砲）

次左拳放開。自下轉向上。再握拳直立。拳之高與額平。頭向前。吞氣一口。畢。復轉頭視左拳之中心。如第四十六圖。

第四六圖

（四七）站消式（穿心砲）

更放開左手。以掌伸直。從耳後一轉。平伸至左。此時頭向前。吞氣一口。畢。轉頭視左方。如是左右交換各三遍。吞氣共十八口。（站消式完）

第四七圖

（四八）打穀袋式（衝天砲之一）

左足曲膝。右足眞直。右手執袋。左手握拳。從脇下轉至上方。屈臂。直立。同時吞氣一口。

第四八圖

(四九)打穀袋式(衝天砲之二)

次右手執袋。打左上臂。與肘。與左掌心左手指。打時自上及下。須各處打到。不可有脫漏。若有脫漏。亦不宜後。補此時左手袋向裏。如第四十九圖。

第四九圖

(五〇)打穀袋式(穿心砲)

放開左拳。從耳後轉至水平。握拳。伸直向左。拳背向上。吞氣一口。右手執袋。從左外臂打起。依次及於左肘。左手背中指尖。此時左手掌向外。如五十圖。

第五〇圖

（五一）打穀袋式（雕手）

承前式。左手向耳後回轉。徐徐垂下。手指彎曲如鷹爪形。吞氣一口。次右手執袋。從左腋打起。依次及於小指外側。此時左手掌向後。如第五十一圖。

第五一圖

（五二）打穀袋式（小衝天砲）

承前式。左手自下轉上。握拳平伸。大略如衝。天砲姿勢。吞氣一口。右手執袋。從左肩胛打起。依次及拇指外側。此時左手拇指向上。如第五十二圖。（是爲左手四面打完）

第五二圖

（五三）打穀袋式（扛鼎之一）

承前式。左手從脇下用力上舉。拇指朝後。五指伸直。吞氣一口。面仰向。目視拳。如圖。

第五三圖

（五四）打穀袋式（扛鼎之二）

乃以右手執袋。從左肘打起。依次及於小腹左側、左腿表面、膝、腳趾。此時左足向正面

第五四圖

（五五）打穀袋式（盤別）

放開左拳。從耳後轉至胸前。曲肘。握拳與乳平。呑氣一口。次右手執袋。從左腋下打起。依次及於左腰。左踝。左小趾外側。此時左足向外。如五十五圖。

第五五圖

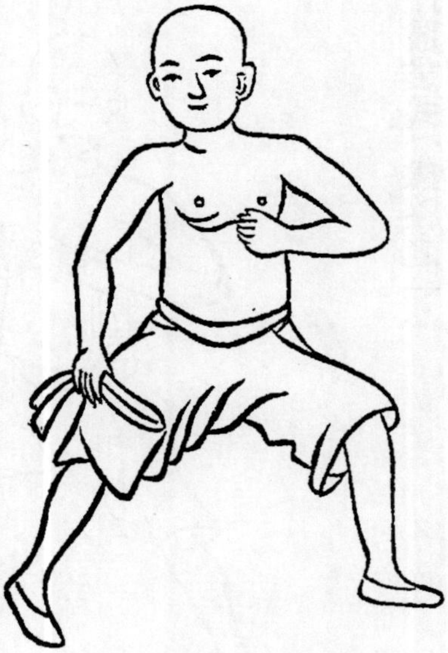

（五六）打穀式（雕手）

放開左拳。從耳後下垂。屈指如鷹爪形。吞氣一口。右手執袋。從右乳下打起。依次及於左腹側。右腹側。次左手執袋。打左腹側。同時以右手掩護外腎。（腎臟之上外面）左手再從小腹左側。依次及於左腿裏面。左脚。左趾。腹中有病者。更宜多打。此時左足向裏。

第五六圖

(五七)打穀袋式(伏膝之一)

足足曲膝。右足眞直。右手執袋輕押左腿中間。兩手置其上。吞氣一口。如第五十七圖。

第五七圖

（五八）打穀袋式（伏膝之二）

次兩手執袋。彎轉頭後。打左脊二十遍。不可打脊之正中。圖如次。

第五八圖

（五九）打穀袋式（伏膝之三）

承上式伸直左足。屈右足。左手置右腿上。拇指朝後。身體斜向左後方。眼視左膝左手執袋。持至背後。打左脊。及於左腰部。再從左臀起。依次打左腿、左腿內側、內膝、左脚跟。此時左足向後。如是左足四面亦打畢。同法右手右足各一遍。

第五九圖

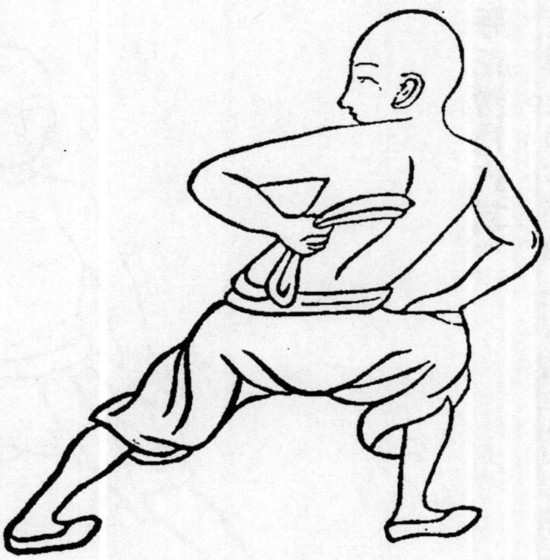

（六〇）海底撈月式其一

左足曲膝。右足伸直。面向前。左手拇指向後。餘四指向前。置左腿上。右手指屈作鷹爪形。垂右足後。如第六十圖。

第六〇圖

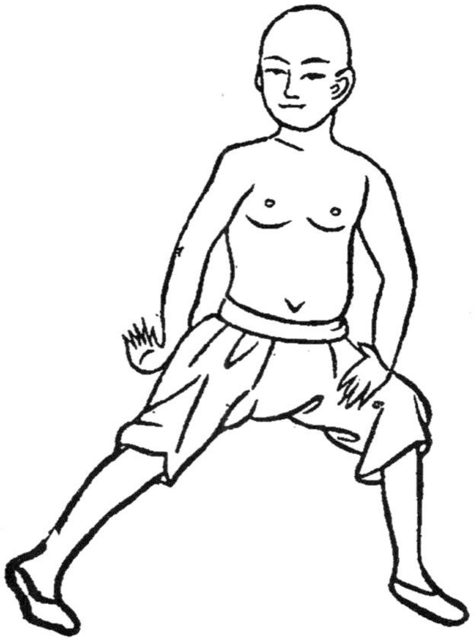

（六一）海底撈月式其二

次左手從耳後轉上。仰掌。平伸左方。右手仍如前不動。（第六十一圖）

第六一圖

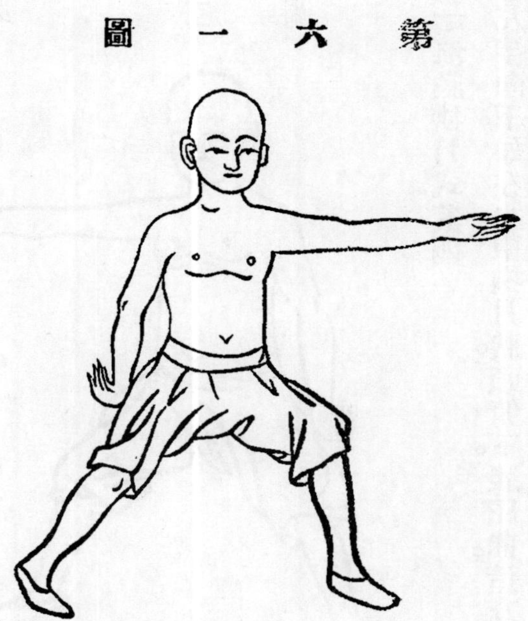

(六二)海底撈月式其三

翻身手掌向下。如圖。

第六二圖

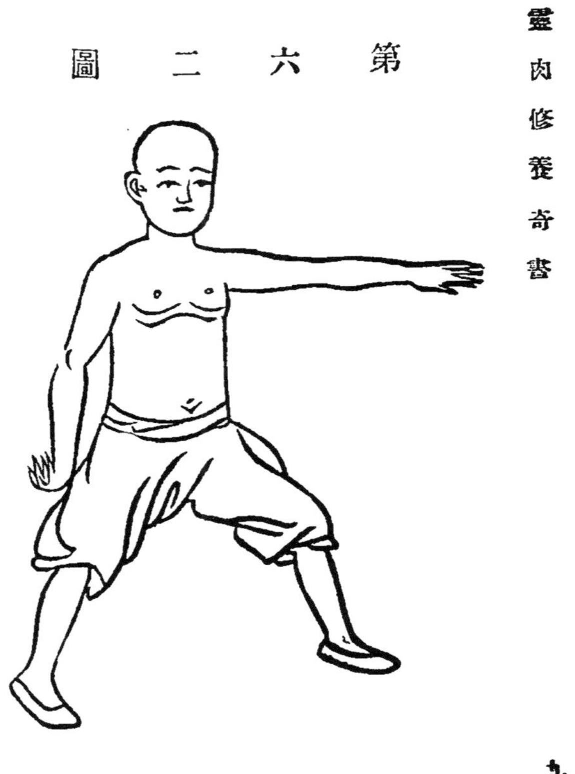

(六三)海底撈月式其四

承前式。以左手向下。如在水中撈月狀。頭俯下。腰屈曲。迨左手從左垂至正中。隨起身伸腰。立直身體。如第六十三圖。

第六三圖

（六四）海底撈月式其五

當身體起立。左手握拳上舉。頭隨之向左。其時拳與眼同高。目正視左手拇指與食指間。宛如窺手中之月者。同時吞氣一口。如是左右交換各三遍。吞氣共六口。

第六四圖

以上六十四式終。吞氣共八十七口。爲第一段功夫完了。

第二段、第三段功夫。約須第一段功成後二三年久。方能練習。其式甚多。本書不能述。

靈肉修養奇書

下篇　洗髓經義

第一　總說

凡人雞鳴而起。爲衣食勤動。爲名利奔走。未常念及生死之關係。過去未來之影響。四恩不知報。四緣不知盡。四智不能具。六根不能淨。昏昏於醉夢之中。自溺於苦海而不醒。誠可悲可憫之甚者也。

今有大慈大悲之人。願救衆生。有所超度。是非他義。即名洗髓。習過易筋經者宜習之。

每夜萬籟俱寂。瞑目端坐。靜以鼻吸氣。每月朔日、晦日、十五夜、二十六七日、春分、秋分、夏至、夏至日。選正午、正子時。靜坐午前六時午後六時。行乾沐浴。鍛練精神。則不爲睡魔所侵。

每日飲食毋飽。身體毋搖動。毋暴行。亂舉。常以保身清心爲要。久而久之。功成圓滿。心空身化、圓妙通靈。

第二　無始元氣（人生天地俱無始終）

宇宙有至妙至大之理。耳不可得聞。目不可得視。然可悟徹者。非他其名爲氣。氣者理也。氣與理相交不能分而爲二。氣理流行無滯。始有萬物。

水與火。相害之物也。然並行而不相悖。是卽理與氣一致之故。理以氣爲用。氣以理爲體。卽體顯用。卽用求體。

天地無始無終。人生亦無始無終。天地人生俱無始無終。是卽洗髓眞義。

第三　四大假合（人者氣水火土之假合也）

無始元氣。凝而爲水與火與土。水之源發於崑崙山頂。流於四方。注於坑井。

水中尙含有火。故嚴冬井水溫暖。河水受熱則化雨露。水久澄而爲土。火入之則燃。

人身爲一小天地。係天地所餘之氣化爲人身。解散之則終歸於宇宙。故人身非人所自有。生未嘗生。死未嘗死。苟知氣水火土四者假合而爲人身。遵守洗髓經義。則長生可致。而仙佛可求矣。

第四　凡聖同歸（凡人聖人豈有種歟）

凡夫慾美食求美衣終生碌碌。一旦魂散命盡則陳屍曠野。與草木同腐。生前千辛萬苦俱化爲雲煙泡幻。聖人認眞理甘於惡衣惡食。不爲名利所累不爲身家所困。一身雖小同於天地。天地有日月。人身有兩眼。日月有晦朔。星辰常不滅。縱令星辰消滅。見性仍不消滅。是故兩目雖失明。心靈終不泯。人之全身無處非眼。外界物體皆得洞觀。瞭如指掌。此所謂有心靈者。能不藉目而視。不藉耳而聽也。

夫凡人與聖人同此五官。同此肉體。其來也同源。其去也異途。果何故歟。悟道與不悟道之分而已。誠能心不外放。努力精進。一死生。歸本原。則凡夫亦可變爲聖人。凡聖豈有區別乎。

第五　物我一致（萬物與人同原）

萬物與人爲同一之氣。其氣幻成各種色相。遂生萬物。

既有人。卽有物。苟無物。則衣食不完。藥餌不足。器具不備。人類亦不能生存。是故鳥獸蟲魚草木皆供人用。造化之恩。可謂洪大無際。由此觀之。吾人決不可妄殺生物。龜鶴麋鹿少飲食而多睡眠。故皆長命。人生不若動物壽長。亦因其終日汲汲。謀求衣食。醉生夢死。毫不自覺耳。苟去嗜欲。戒外馳。易筋以壯體。洗髓以清心。則萬物與人同一耳。

第六　行住坐臥睡

人之行路。當常如盲者無杖而步於途。一步一步。腳踏實地。安穩而過。切不可急遽錯誤。一有失足。後悔莫及。

住如臨崖之馬。到岸之舟。停止不動。精神留於一點。耳目寂靜。無過去煩惱。無未來緊念。定如止水。明如明鏡。萬事萬物。舉不足以移其心。

坐如山岳。身端儀正。閉口箝舌。大呼深吸。精氣充盈。身心安泰。

臥如曲箕。或左或右。各從其便。兩膝常交叉。兩足常鉤曲。兩手捧臍。睡中不可有夢。夢則不安眠。睡既醒。伸足仰體、暫時起床。

第七 洗髓還原

易筋之功既成。金剛之體已具。外傷外邪。俱莫能侵。飲食寒暖。概莫犯。可誠哉壯勇之體軀矣。然若本元不足。神氣未清。則七情猶或傷之。此洗髓功夫之所以貴也。

少食多服氣、多按摩、多乾沐浴、常以兩手擦目擦鼻撫面摩耳。不拘多少。有暇則行之。

又常以目視鼻。以鼻吸息。每朝五時起身。用深呼吸。去濁氣。納清氣。忌遠唾。

起床後。坐蒲團上。右膝交於左膝。盤膝而坐。寬衣解帶。卷舌於前下方。抵住下顎。以鼻徐呼吸。兩手按腎臟。自左向右。自右向左。交互按摩數回。復以兩手握膝蓋骨。吸入深長之氣。送於肺。若有唾液。則一併送入腹底。

次上下齒用力互叩。作聲、兩手按臍上。兩足伸直。足趾向前。呼吸三十六次。次兩手按摩右足左足畢。徐徐起立。下地緩行數步。

上法練習不怠。積至三年九年。心氣自然清爽。骨髓自然融和。

於最後之妙境。偈曰『口中言少則心頭事少。腹裏食少則自然睡少。』人苟服膺此四少。長生亦何難之有。

易筋經義跋

予讀易筋經義。竊歎世之緇黃兩家學者多於牛毛。而成者少於麟角。豈得道之難歟。抑亦內無承受之基。外無勇往之力歟。或作或輟。旋得旋失。談禪家則有入魔之慮。論宗門則有迷誤之弊。練金丹則有失守之憂。講清淨則虞其枯涸。習導引則慮其倦廢。學服氣則恐其燥烈。皆根基未固之故也。

若依本書習得此功。不問士農工商。病者以安。怯者以強。老者以康寧。壯者以健全。小鍊則小成。大鍊則大成。有益無損。有功無弊。人世間一切利益。莫與之比。一切妙[illegible]。莫與之敵。達摩大師謂人人皆當學習。不信然歟。

天台紫凝道人　跋

洗髓經義跋

易筋洗髓。俱非東土之文章。■■。相傳印度達摩大師憫大道之多歧。接緒之無人。東望■■。可以傳道。於是自西徂東。餐風宿露。登山涉水。幾經險阻。始至陝西。再至中州少林寺。面壁九年。問者對祖師所說。多固執宿習。不能領略。祖師乃傳易筋洗髓二帙。易筋之功固深。洗髓之義尤進。初學者每不甚了解。然其成也。穿金透石。脫體圓通。聚則成形。散則爲風。實仙佛之初基。無上之正覺也。

予始習易筋。將有效驗。已取原本翻譯。刊行於世。惜洗髓一經。年久失傳。辜負祖師西來之意。今得是書。讀之如獲珍寶。雖其說明不完全。僅有末節論洗髓還原之法。俱欠詳盡。文亦章句不妥。然智者毋拘泥於文字。而洞察其眞理。其庶幾達非想非非想之境乎。

僧慧可謹　跋

靈肉修養奇書終

中華民國十年一月再版

（靈肉修養奇書）

（實價大洋一元五角）

原著者 達摩仙師

演譯者 密諦大師

編印者 潔已居士

印刷者 修元學舍

發行者 修元學舍 上海愛而近路均益里